쉽게 가꾸어 오랫동안 즐기는
이끼 테라리움

쉽게 가꾸어 오랫동안 즐기는

이끼 테라리움

오노 요시히로 지음 | 김성현 옮김

쉽게 가꾸어 오랫동안 즐기는
이끼 테라리움

발행일 2022년 4월 5일 초판 1쇄 발행
지은이 오노 요시히로
옮긴이 김성현
발행인 강학경
발행처 시그마북스
마케팅 정제용
에디터 최윤정, 최연정
디자인 강경희, 김문배

등록번호 제10-965호
주소 서울특별시 영등포구 양평로 22길 21 선유도코오롱디지털타워 A402호
전자우편 sigmabooks@spress.co.kr
홈페이지 http://www.sigmabooks.co.kr
전화 (02) 2062-5288~9
팩시밀리 (02) 323-4197
ISBN 979-11-6862-018-6 (13520)

RAKURAKUMENTEDE NAGAKU TANOSHIMU KOKETERRARIUM by Yoshihiro Ohno
Copyright © Yoshihiro Ohno, 2021
All rights reserved.
Original Japanese edition published by Seibundo Shinkosha Publishing Co., Ltd.
Korean translation copyright © 2022 by Sigma Books
This Korean edition published by arrangement with Seibundo Shinkosha Publishing
Co., Ltd., Tokyo, through HonnoKizuna, Inc., Tokyo, and AMO AGENCY

写真　蜂巣文香 (作品·手順カット)

이 책의 한국어판 저작권은 AMO에이전시를 통해 저작권자와 독점 계약한 **시그마북스**에 있습니다.
저작권법에 의해 한국 내에서 보호를 받는 저작물이므로 무단 전재와 무단 복제를 금합니다.

파본은 구매하신 서점에서 교환해드립니다.

* **시그마북스**는 (주)**시그마프레스**의 자매회사로 일반 단행본 전문 출판사입니다.

강한 생명력을 지닌 이끼 테라리움의 매력

바쁜 일상을 벗어나 가까운 교외 숲에서 산림욕을 하며 이끼를 보면 마음이 편해진다. 이끼에는 신비한 매력이 있다.

아주 작은 식물이지만, 확대해 보면 너무나 귀여운 모습에 자꾸 눈이 간다. 물방울이 맺힌 채 반짝반짝 빛나는 이끼, 초록색 카펫처럼 폭신폭신하게 펼쳐진 이끼, 둥글고 귀여운 콜로니를 이루는 이끼, 이끼는 이처럼 다양한 모습으로 우리를 반긴다.

이끼는 종류나 계절에 따라서 짙은 녹색에서 옅은 황록색, 밝은 민트 그린 등 갖가지 색상을 띤다.

여러 종류의 이끼를 모아 비교해 보면 미묘한 색의 차이를 느낄 수 있다.

또 이끼의 형태도 야자수나 동물의 꼬리 또는 별 모양 등 너무나 다양해서 보는 재미를 더한다. 보는 것만으로도 위안을 주는 이끼. 이끼가 낀 숲의 일부를 내 방으로 고스란히 옮기고 싶어진다. 그런 우리의 소망을 이루어주는 것이 바로 이끼 테라리움이다.

이끼는 어디에서나 자라기 때문에 재배하기 쉽다고 생각하지만, 예쁘게 오랫동안 키우기가 의외로 쉽지 않다. 이끼가 지닌 성질을 잘 알지 못하고, 종류와 관계없이 같은 방법으로 키우기 때문이다. 용토나 식재법, 재배법을 너무 어렵게 생각하면 오히려 키우기 힘들어진다.

하지만 조금만 신경 쓰면 간단한 방법으로도 오랫동안 이끼를 즐길 수 있다. 이 책에서는 이끼를 쉽고 간단하게 키우는 비결을 소개한다. 자신만의 작은 숲을 만들어서 오랫동안 즐기기를 바란다.

강한 생명력을 지닌 이끼 테라리움의 매력 … 6

Part 1 이끼의 종류와 기본 식재법

이끼의 종류와 기본 식재법 ……… 12

기본 도구 14 | 기본 용토 15 | 이끼 구하기 16 | 사전 준비 17
이끼의 종류 18 | 이끼가 좋아하는 환경 조건 20

[기본 식재법 1] 건조한 환경에서 잘 자라는 이끼 22
　　늦은서리이끼를 이용한 이끼 테라리움 23

[기본 식재법 2] 습한 환경에서 잘 자라는 이끼 24
　　너구리꼬리이끼·아기들덩굴초롱이끼를 이용한 이끼 테라리움 25

키 큰 이끼 심기 27
　　나무이끼를 이용한 이끼 테라리움 28

이끼 테라리움의 유지 비결과 관리법 29 | 길게 자란 이끼 자르기 30
용기 내벽에 맺힌 물방울 없애기 31 | 부분적으로 시든 이끼 손질법 32
전체적으로 손상된 이끼 손질법 33 | 이끼 증식하기 34

Part 2 이끼 테라리움 만들기

오래가는 이끼 테라리움 ········· 36

원형 용기를 활용한 개방형·밀폐형 겸용 이끼 테라리움 38

높낮이를 활용한 이끼 테라리움 41 | 돌이나 조개를 활용한 이끼 테라리움 44

이끼 테라리움의 장식 소재 46 | 암석을 활용한 유리 돔 테라리움 48

어떤 방향에서든 보는 재미가 있는 수평형 이끼 테라리움 50

수초와 이끼로 만드는 아쿠아 테라리움 54

이끼볼과 함께! 다양한 이끼를 활용한 이끼 테라리움 58

　암석을 이용한 이끼볼 만들기 61

COLUMN　이끼 정원 만들기 64

Part 3 이끼와 식물 모아 심기

이끼와 함께 다양한 식물을 모아 심어보자 ········· 68

야쿠시마 바위취와 이끼 모아 심기 70 | 노루귀와 이끼 모아 심기 74

　일본 노루귀의 종류 77

손에 흙을 묻히지 않고 만드는 가울테리아 이끼볼 78

구근과 이끼 모아 심기 80 | 우편함을 이용한 난 행잉 화분 84

이끼와 산야초, 구근 식물 플레이트 86 | 유리 밀폐 용기로 만든 이끼 숲 90

마음을 편안하게 해주는 치유의 돌 96

이끼와 모아 심기 좋은　식물도감 98

Part 4 야외에서 이끼 관찰하기

이끼 관찰 장소 104 | **관광지에서 만나는 이끼** 106

교토 106 | 오키나와 108 | 가루이자와 109 | 기타야쓰가타케 110

시마 온천 111 | 구사쓰 온천 112 | 하코네 외륜산 114

영국 116 | 슬로베니아 공화국 118 | 이탈리아 119

COLUMN 이끼에도 단풍이 들까? 120

Part 5 이끼에 관해 배우기

이끼에 대해 알아보기 122 | **계절에 따른 이끼 관리 방법** 126

보태니컬 아트 128

이끼 도감 132

마치며 … 142

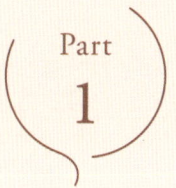

이끼의 종류와 기본 식재법

이끼의 종류와 기본 식재법

이끼는 우리 주위에서 쉽게 찾아볼 수 있는 식물이다. 이 책에서는 이끼를 쉽게 키우는 요령과 관리법을 소개하려고 한다.

이끼는 종류에 따라 필요한 환경이 다르다. 햇살이 비치는 건조한 곳, 연못처럼 시원하고 습한 곳, 숲속 그늘 등, 생육 환경이 비슷한 이끼를 골라 함께 심으면 오랫동안 이끼 테라리움을 즐길 수 있다.

이끼의 형태는 다양하다. 야자수나 우산을 펼친 모양, 동물의 꼬리를 닮은 모양, 찐빵처럼 둥근 모양 등 보는 것만으로도 기분이 좋아진다.

이끼 테라리움을 만들 때는 핀셋과 가위, 숟가락 등 의외로 간단한 도구를 사용한다. 집에 있는 뚜껑 달린 귀여운 유리병을 사용한다면 지금이라도 당장 만들 수 있다.

요령만 알면 관리도 간단하고 오랫동안 유지할 수 있는 이끼 테라리움. 서로 잘 맞는 이끼 몇 종류를 사용해서 귀엽고 예쁜 이끼 테라리움을 만들어보자.

기본 도구

핀셋 섬세한 이끼를 위해 되도록 집을 때 느낌이 가벼운 제품을 선택한다. 길이는 20cm에서 25cm 정도가 적당하다. 끝이 곧고 가늘며, 안쪽에 미끄럼 방지 처리가 된 제품이 좋다. 앞에 작은 숟가락이 달린 사진 속 핀셋은 필자가 고안해 낸 오리지널 제품이다.

숟가락 녹이 잘 슬지 않는 스테인리스 스틸 제품을 추천한다. 자갈이나 흙을 담을 때 사용한다.

가위 칼날 폭이 좁은 가위가 이끼를 자르기에 편리하다. 헛뿌리나 길게 자란 이끼를 자를 때 사용한다.

용토 용기 부엌에서 사용하는 둥글고 오목한 볼을 사용한다. 각이 진 용기는 흙을 퍼낼 때 불편하다.

원통형 모종삽 크기가 작은 제품을 사용한다. 용기나 화분에 흙을 담을 때 편리하게 이용할 수 있다.

분무기 거꾸로 들어도 분무가 되는 제품이 좋다. 이끼에 물을 줄 때 사용할 뿐만 아니라 이끼 테라리움 용기 내벽에 묻은 흙을 제거할 때도 사용한다.

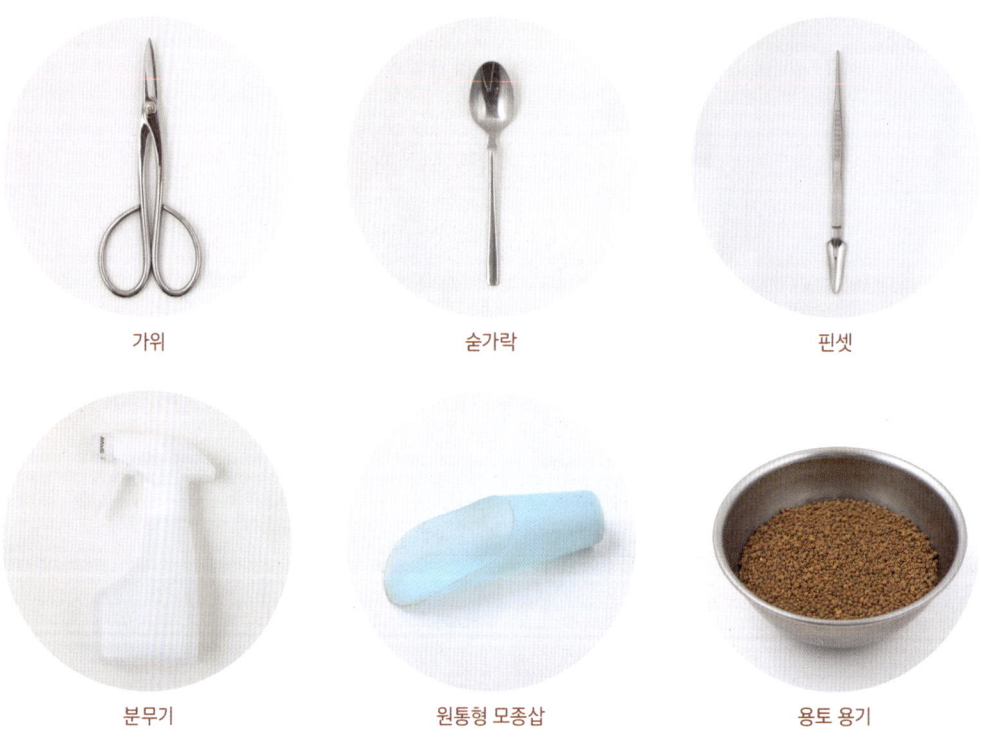

가위　　　　　숟가락　　　　　핀셋

분무기　　　원통형 모종삽　　　용토 용기

기본 용토

• **경질 적옥토**

이 책에서는 경질 적옥토(소립)를 기본 용토로 사용한다.

적옥토는 부드러운 연질과 단단한 경질로 나뉜다. 화원이나 잡화점에서 판매하는 적옥토는 대부분 연질 적옥토다. 연질 적옥토는 가격이 저렴하지만, 물에 닿으면 약해지기 때문에 이끼 테라리움에는 적합하지 않다.

소품 분재를 만들 때는 물에 강한 경질 타입의 적옥토를 사용한다. 경질 적옥토는 인터넷 쇼핑몰 등 통신 판매를 통해서도 구입할 수 있다. 경질 적옥토를 구하지 못한 경우에는 구운 적옥토를 고른다.

적옥토는 약산성이다. 이끼는 알칼리성에 약하기 때문에 알칼리성을 띠는 경석이나 원예용 숯, 훈탄 등을 섞은 흙에 심으면 금방 말라버린다. 경질 적옥토를 단독으로 사용할 것을 권한다(본문에서는 적옥토라고 표기했다).

경질 적옥토

• **자갈**

적옥토 위에 깐다. 이끼가 여분의 수분을 빨아들이지 않도록 하면서 온도를 낮추는 역할도 한다. 물에 강한 종류의 자갈을 선택한다. 흰수석이나 신호석은 풍화되면 물의 성분을 알칼리성으로 바꾼다.

자갈

• **케토흙**

이끼볼을 만들 때 이끼를 붙이는 접착제 대신 아주 곱고 점성이 있는 케토흙(ケト土)을 사용한다. 한 번 건조되면 좀처럼 물을 흡수하지 않기 때문에, 봉지째 밀폐 용기에 넣어 보관한다.

케토흙

이끼 구하기

• 화원이나 인터넷 쇼핑몰 등 통신 판매를 이용

최근 이끼볼이나 이끼 테라리움이 사람들의 인기를 끌면서 화원이나 잡화점에서도 이끼를 쉽게 구입할 수 있게 되었다. 또 인터넷 쇼핑몰 등 통신 판매를 이용해 이끼 전문점이나 생산자에게 직접 구할 수도 있다.

통신 판매로 구입한 이끼. 종류별로 용기에 담겨 우송된다.

계절과 생산 상황에 따라 구할 수 있는 이끼의 종류가 다르다. 웹 사이트에서 검색해 마음에 드는 가게를 찾아보자.

구매 시에는 미리 산에서 채집한 이끼인지 재배 증식한 이끼인지 확인하고, 재배 증식한 이끼를 선택한다. 산에서 채집한 이끼밖에 없을 때는 채집 후 검역을 마친 이끼를 구입한다. 가게에서 살 때는 선명한 녹색을 띠고 새잎이 나지 않은 것을 고른다.

구입한 이끼는 바로 개봉해 서늘한 그늘에 보관한다. 온도가 높은 여름철 이끼를 짧은 시간 보관할 때는 용기에 담아 냉장고 채소 칸에 넣는다.

• 천연 이끼의 입수와 손질

우리가 찾는 야산에는 천연 이끼가 자라고 있다. 화원에서나 인터넷 쇼핑몰에서는 구할 수 없는 이끼를 발견할 때도 있다. 자생하는 이끼를 수집할 때 국립공원의 특별 보호 구역이나 자연환경 보전 지역 내에서는 채집하지 않도록 주의한다. 개인이나 단체의 사유지에서는 관리자의 허가가 필요하며, 야산에서 멋대로 채집해서는 안 된다. 사유지의 관리인에게 허락을 받더라도 너무 많은 양을 채취하거나, 전부 채집하지 않는다. 모두 캐내면 이끼가 더 이상 자랄 수 없기 때문이다.

종류에 따라서는 자라는 데 시간이 오래 걸리는 이끼도 있다. 이끼 테라리움을 만들 때 필요한 양만큼만 채집하자.

이끼를 채집할 때에는 장갑을 낀다. 이끼 속에 지네, 개미, 거미, 진드기, 벌이 숨어 있는 경우가 있으니 쏘이거나 물리지 않도록 주의한다. 작은 삽을 이용해 헛뿌리 밑에서 떠내어 채집한다.

채집한 이끼는 헛뿌리 쪽을 모아 정리한다. 비닐봉지에 바로 넣으면 잎이 망가지거나 쉽게 뭉그러진다. 부엌에서 사용하는 부직포로 된 싱크대 거름망에 넣은 다음 비닐봉지에 담는다. 발포 스티로폼 상자에 넣어 온도가 높아지지 않도록 주의한다.

통신 판매로 구입한
재배 이끼(오른쪽)와 천연 이끼(왼쪽)

사전 준비

• 천연 이끼는 채집 후 바로 손질한다

자생하는 이끼를 채집한 경우에는 바로 손질해야 한다. 천연 이끼에는 자생지의 흙과 먼지가 붙어 있고, 손상된 부분도 있다. 이끼 테라리움에 그대로 활용하면 테라리움 전체가 바로 손상될 수 있다.

샤워기로 이끼 양쪽에 물을 뿌려 먼지나 더러움을 털어낸다. 이끼 안쪽까지 깨끗하게 씻는다. 개미나 진드기, 지네나 거미가 있지 않은지 꼼꼼히 확인하고 키친타월을 깐 용기 위에 이끼를 펼쳐 놓는다. 이끼가 골고루 촉촉해지도록 물을 충분히 준다. 용기를 기울여 바닥에 고인 물을 따라내고 음지에서 관리한다. 종류에 따라 뚜껑을 덮어 보관하기도 한다.

1주일간 관찰한 후 이끼가 시들지 않으면 테라리움에 사용한다. 환경이 맞지 않는 경우에는 갈색으로 시든다.

이끼 세척법

① 이끼가 흩어지지 않도록 철망 위에 놓고 샤워기로 물을 뿌린다.

② 뒤집어서 이끼의 안쪽 역시 샤워기로 씻어낸다.

③ 특히 뒷면 안쪽에는 먼지나 더러운 것이 달라붙어 있기 때문에 섬세하게 확인하며 씻는다.

④ 뒷면을 다 세척한 후 다시 뒤집어 표면에 남은 더러움을 제거한다.

Part 1 이끼의 종류와 기본 식재법

이끼의 종류

이 책에서는 구하기 쉬운 재배 이끼를 사용한다. 색, 크기, 형태에 따라 여러 이끼를 조합해 이끼 테라리움을 만들어보자.

패랭이우산이끼

큰꽃송이이끼

늦은서리이끼

털깃털이끼

사자이끼

가는물봉황이끼

나무이끼

깃털이끼

쥐꼬리이끼

꼬리이끼

구슬이끼

아기들덩굴초롱이끼

윌로모스

너구리꼬리이끼

가는흰털이끼

이끼가 좋아하는 환경 조건

• **세 가지 조건 - 건조, 습기, 습한 상태**

이끼는 종류에 따라 건조, 습기, 습한 상태를 좋아하는 이끼로 나눌 수 있다. 건조를 좋아하는 이끼에는 가는흰털이끼와 사자이끼가 있으며, 이끼 정원이나 개방형 이끼 테라리움에 사용하기 적합하다. 잎이 마르지 않을 정도의 습기를 좋아하는 구슬이끼나 나무이끼는 뚜껑 달린 유리병을 이용한 이끼 테라리움에 알맞다. 흙이 항상 젖어 있는 습한 상태에서 잘 자라는 패랭이우산이끼나 아기들덩굴초롱이끼는 밀폐형 이끼 테라리움에 잘 어울린다. 검정냇이끼처럼 물속에서도 잘 자라는 이끼는 수조에서 송사리 같은 물고기와 함께 키울 수도 있다.

이끼의 적응 능력을 확인해 같은 환경에서 재배할 수 있는 이끼들을 용기나 화분에 함께 심는다. 창가처럼 직사광선이 닿는 곳은 피하고, 밝은 방에 둔다. 온도가 높아지면 용기 안의 온도도 올라가서 이끼가 썩거나 마른다.

이끼를 심은 용기나 화분은 아침 햇살이 들어오는 곳이나 직사광선이 비치지 않는 밝은 곳에 둔다.

적응 능력에 따른 이끼 분류표

이름	특징	건조에 강함	습기에 강함	습한 상태에 강함	추천 용도
가는흰털이끼	건조해지면 하얗게 변하고, 습기를 머금으면 선명한 초록색을 띤다. 찐빵처럼 둥근 콜로니가 귀엽다.	○	○		이끼 정원 개방형 테라리움 밀폐형 테라리움
구슬이끼	이른 봄 초록색 사과 모양의 둥근 포자낭이 달린다. 둥근 콜로니가 여기저기 모여 자란다.	○	○		이끼 정원 개방형 테라리움 밀폐형 테라리움
사자이끼	잎이 짧다. 짙은 녹색으로 벨벳과 같은 광택을 지녔다. 건조해도 그다지 변화가 없다.	○			개방형 테라리움 밀폐형 테라리움
너구리꼬리이끼	잎 끝이 살짝 구부러졌고, 붉은색을 띠는 잎이 달린다. 마르면 쪼글쪼글 수축한다.		○		이끼 정원 개방형 테라리움 밀폐형 테라리움

이름		특징	건조에 강함	습기에 강함	습한 상태에 강함	추천 용도
깃털이끼		양치식물과 비슷한 모양이다. 환경에 따라 황록색이나 선명한 녹색을 띠는 작은 잎이 달린다.		O	O	이끼 정원 개방형 테라리움 밀폐형 테라리움 이끼볼
나무이끼		야자수처럼 생긴 모양이 인상적이다. 잎은 녹색이고 줄기는 적갈색을 띠며 광택이 있다.		O	O	밀폐형 테라리움
패랭이우산이끼		잎의 표면이 뱀 껍질 같다. 잎은 누런빛이 감도는 어두운 녹색이며 비비면 감귤 향기가 난다.			O	이끼 정원 개방형 테라리움 밀폐형 테라리움
꼬리이끼		소복하고 탐스러운 모습이 다람쥐 꼬리와 닮았다. 밝은 녹색 잎에는 부드럽고 하얀 헛뿌리가 있다.		O		이끼 정원 밀폐형 테라리움
아기들덩굴초롱이끼		선명한 녹색을 띠며 잎의 모양은 난형이다. 수포기는 활짝 핀 꽃처럼 보인다.			O	이끼 정원 밀폐형 테라리움
늦은서리이끼		건조한 상태에서는 잎이 수축한다. 물을 머금으면 바로 잎을 펼치며 황록색의 별 모양이 된다.	O			이끼 정원 밀폐형 테라리움
큰꽃송이이끼		우산을 펼친 듯한 모습이 아름답다. 이끼 개체가 아주 크고, 녹색의 장미꽃같이 생겼다.		O	O	밀폐형 테라리움
털깃털이끼		양지에서도 자라며, 건조하면 황색으로 수축한다. 젖으면 밝은 녹색을 띠고 단풍이 들면 황금색으로 변한다.		O		이끼 정원 개방형 테라리움 밀폐형 테라리움 이끼볼
가는물봉황이끼		봉황의 날개를 닮았다. 녹색 잎은 습기가 없으면 바로 짙은 녹색으로 변하고 까슬까슬하게 수축한다.			O	이끼 정원 개방형 테라리움 밀폐형 테라리움 이끼볼
쥐꼬리이끼		빳빳한 잎이 특징이다. 쥐꼬리와 비슷하게 생겼다. 건조해도 모양에는 별 차이가 없다.		O		이끼 정원 개방형 테라리움 밀폐형 테라리움

─(기본 식재법 1)─
건조한 환경에서 잘 자라는 이끼

건조에 강한 이끼에는 늦은서리이끼, 사자이끼, 가는흰털이끼 등이 있다. 건조한 환경에서 잘 자라는 이끼는 물이 부족하면 수축하거나, 하얗게 바싹 마르기도 한다. 하지만 다시 물을 주면 본래 모습을 되찾는다.

　밀폐형 테라리움은 분무기로 물을 한 번 뿌려주면 오랫동안 그대로 즐길 수 있다. 적응 능력에 따른 이끼 분류표(20쪽)를 참고해 건조에 강한 이끼들을 모아 심으면 생명력이 강한 이끼 테라리움을 만들 수 있다. 건조한 환경을 좋아하는 이끼를 유리병에 심을 때는 되도록 헛뿌리 주위에 자갈을 깔아 물이 고이지 않게 한다. 건조한 환경에 강한 이끼를 밀폐형 용기에 심으면 특별히 신경 쓰지 않아도 잘 자란다. 개방형 용기를 사용했을 때는 분무기를 사용해 가끔 물을 준다. 밝고 직사광선이 닿지 않는 실내에 놓는다.

늦은서리이끼를 이용한 이끼 테라리움

① 용기의 약 30%를 적옥토(소립)로 채운다.

② 용기 크기에 맞추어 늦은서리이끼를 가위로 자른다.

③ 핀셋으로 흙 위에 이끼를 얹는다. 손가락으로 가볍게 누르면서 핀셋을 뺀다.

④ 이끼 주위를 정리한 후 둘레를 감싸듯이 핀셋으로 자갈을 올린다.

⑤ 흙과 이끼가 촉촉해지도록 분무기로 물을 충분히 뿌린다.

⑥ 핀셋에 키친타월을 돌돌 말아 용기 안쪽의 물기를 제거한다.

―(기본 식재법 2)―
습한 환경에서 잘 자라는 이끼

습기에 강한 이끼에는 구슬이끼, 너구리꼬리이끼, 꼬리이끼, 쥐꼬리이끼 등이 있다. 수풀 주변이나 숲속처럼 시원하고 습한 곳에서 자생한다. 습기를 좋아하는 이끼는 개방형 용기에 심으면 바로 건조해져서 수축한다. 물을 자주 주면 괜찮지만, 그렇지 못한 경우에는 되도록 뚜껑이 있는 용기를 선택하는 것이 좋다. 습도를 잘 유지하면 오랫동안 키울 수 있다.

  습기를 좋아하는 이끼를 완전히 밀폐된 용기에 심었다면 2~3개월에 한 번 분무기로 살짝 물을 준다. 바닥에 고일 정도로 물을 주면 오히려 이끼가 썩거나 시들기도 한다. 특히 여름철에는 고온으로 인해 이끼가 손상될 수 있으니 주의한다.

  이끼가 길게 자랐다면 물을 줄 때 가위로 잘라준다.

  관리 시에는 곰팡이 포자가 용기 안에 들어가지 않도록 빨리 작업을 마친다.

너구리꼬리이끼·아기들덩굴초롱이끼를 이용한 이끼 테라리움

① 너구리꼬리이끼 1촉을 골라낸다. 이끼 헛뿌리 주위 갈색으로 변한 부분은 잘라 정리한다.

② 핀셋으로 이끼를 집어 적옥토(소립)에 수직으로 심는다.

③ 이끼 끝부분을 손가락으로 누르면서 핀셋을 뺀다.

POINT

이끼를 집을 때 핀셋 사용법

키가 큰 이끼를 심을 때는 핀셋으로 이끼 전체를 감싸듯이 집는다. 헛뿌리만 집으면 땅에 수직으로 심기가 어렵다. 이끼를 집을 때는 헛뿌리와 핀셋이 같은 방향이 되게 한다.

○ 흙에 이끼를 심을 때에는 핀셋 끝과 헛뿌리가 같은 방향을 향하도록 해 이끼 전체를 집는다.

✗ 핀셋으로 헛뿌리 부분을 집으면 흙에 수직으로 심기 어렵다.

너구리꼬리이끼·아기들덩굴초롱이끼를 이용한 이끼 테라리움(계속)

④

손질한 너구리꼬리이끼 3촉을 함께 심는다. 핀셋으로 이끼 3촉 전체를 감싸듯이 집는다. 핀셋을 뺄 때는 앞에서 한 것처럼 이끼 끝을 손가락으로 누른다.

⑤

아기들덩굴초롱이끼를 가위로 자른다. 색이 변한 헛뿌리 부분은 잘라서 정리한다.

⑥

너구리꼬리이끼 옆에 아기들덩굴초롱이끼를 배치한다. 흙 깊숙이 이끼를 심는다.

⑦

용기 가장자리에 자갈을 얹는다.

⑧

이끼 주변에 자갈을 깐 후 핀셋으로 빈틈을 채운다.

⑨

흙과 이끼가 촉촉해질 때까지 분무기로 물을 준다.

키 큰 이끼 심기

늦은서리이끼나 가는흰털이끼처럼 이끼의 크기는 대부분 작다. 하지만 나무이끼나 큰꽃송이이끼처럼 단일 개체로 즐길 수 있는 이끼도 있다.

크기가 큰 이끼는 깊은 산속 활엽수 낙엽이 쌓인 습한 곳에서 남몰래 자란다. 이끼를 심을 때는 자생지와 비슷한 환경을 만들어주면 좋다.

강한 인상을 주기 때문에 이끼 테라리움을 만들 때는 배치에 주의한다. 또 여러 종류를 함께 심을 때는 크기가 작은 이끼부터 심는다.

나무이끼는 이끼의 왕, 큰꽃송이이끼는 이끼의 여왕이라 불리며 사람들에게 인기가 있다. 큰꽃송이이끼는 직경이 3cm를 넘는 커다란 개체도 있다. 우산을 펼친 듯한 모습이 아름답고 매력적이다. 이끼의 왕과 여왕을 이용해 이끼 테라리움을 만들어보면 어떨까?

나무이끼를 이용한 이끼 테라리움

1 헛뿌리 길이와 같은 높이로 적옥토(소립)를 넣는다.

2 적옥토(소립)의 표면을 덮듯이 자갈을 넣는다.

3 핀셋으로 헛뿌리를 감싸듯이 집는다.

4 자갈 가운데 부분에 핀셋을 수직으로 꽂는다.

5 이끼를 손으로 누르면서 핀셋을 빼낸다. 같은 방법으로 주변에도 몇 촉 더 심는다.

6 흙과 이끼가 충분히 촉촉해질 때까지 분무기로 물을 준다.

이끼 테라리움의 유지 비결과 관리법

• 이끼 상태

이끼 테라리움을 만들 때는 가능한 건강한 상태의 이끼를 고르는 것이 중요하다. 이끼에는 재배 증식한 것과 천연 채취한 것이 있는데, 되도록 안정적인 재배 증식 이끼를 사용한다. 이끼를 심을 때 시들었거나 손상된 부분은 가위로 잘라 정리한 후에 사용한다. 이끼 표면에 곰팡이가 피었다면 다른 이끼를 사용한다. 또 운송 도중 이끼가 상하면 좋지 않은 냄새가 나기도 한다. 상한 이끼는 3일 정도 지나면 갑자기 누렇게 마른다. 가능한 선명한 녹색을 띠며 윤기가 도는 이끼를 사용하자.

• 용토

이끼를 오랫동안 유지하기 위해서 사람들은 용토에 신경을 쓴다.

산야초를 재배할 때는 자생지의 환경과 비슷한 성질을 지닌 용토를 만들기 위해 여러 가지 흙을 섞기도 한다. 이끼의 성장에 도움이 되는 경우도 있지만, 개인적으로는 심플한 방법을 추천한다. 용토는 기본적으로 경질 적옥토(소립)만으로 충분하다. 그것만으로도 이끼 테라리움을 오랫동안 유지할 수 있다.

이끼볼처럼 이끼를 붙이거나 모양을 만들기 위해 점토질의 케토흙을 사용할 때도 마찬가지다. 복잡하게 흙을 섞지 않아도 이끼볼은 오랫동안 유지된다.

용토를 섞어 사용하면 종류에 따라 흙이 흘러내리기도 하고, 원예용 숯이나 훈탄처럼 흡수한 암모니아와 질산염을 배출하기도 한다. 그렇게 되면 토질이 바뀐다. 생명력 강한 이끼 테라리움을 만들기 위해서는 가능한 성질이 변하지 않는 용토를 사용하는 것이 좋다

용토에는 잡균이나 곰팡이 포자, 식물 씨앗, 미생물이나 작은 생물이 존재할 수 있으니 야산이나 주변에 있는 흙이 아닌 화원에서 판매하는 제품을 사용하자. 판매용 경질 적옥토는 입자가 고르지 않고, 작은 티끌이나 먼지가 섞여 있다. 이끼 테라리움을 만들 때는 체로 쳐서 고른 후 사용한다. 흙의 입자가 단단하고 부서지지 않는 것을 고른다.

같은 크기의 적옥토지만 사진 오른쪽 제품은 흙의 입자가 가지런하다. 왼쪽 제품은 흙이 부서져서 크기가 고르지 않다.

길게 자란 이끼 자르기

이끼 테라리움 속 이끼는 시간이 지나면 성장한다. 길게 자란 이끼는 가위로 자르고 정리해 모양을 유지한다.

자른 이끼는 다른 용기에 흙을 담아 심으면 다시 자란다. 이끼를 너무 잡아당기면 헛뿌리째 뽑혀 버릴 수 있으니 주의한다. 또 길이가 조금 짧은 듯이 잘라야 다음 자를 때까지 시간 여유가 있다.

1 아크릴 케이스를 활용한 이끼 테라리움. 꼬리이끼가 용기에 닿을 정도로 자랐다.

2 이끼의 끝부분을 손으로 잡는다. 이때 이끼가 흙에서 뿌리째 빠지지 않도록 주의한다. 자란 만큼 가위로 끝을 자른다.

3 이끼의 모양을 고려해 길이가 긴 부분을 자른다.

4 전체적으로 정리한 후 분무기로 물을 준다.

용기 내벽에 맺힌 물방울 없애기

보관 장소의 환경에 따라 계절이나 온도가 바뀌면 테라리움 용기 내부에 물방울이 맺히기도 한다. 용기 안과 밖의 온도가 같아지면 물방울은 저절로 사라진다. 온도 차가 있는 장소에 놓아두면 물방울이 생기기 쉽기 때문에 되도록 온도가 일정한 곳에 둔다.

물방울이 맺히더라도 이끼에 영향을 주지 않지만, 그래도 없애고 싶다면 핀셋에 미리 잘게 자른 키친타월을 감아 닦아 낸다. 용기 입구처럼 닦기 힘든 부분은 손가락에 키친타월을 감아 닦는다.

만든 지 1년이 지난 이끼 테라리움. 용기 속의 습도 등 환경에는 문제가 없고 이끼도 잘 자라지만, 온도 차가 있는 장소에 둔 탓에 용기 내벽에 물방울이 맺혔다.

핀셋에 키친타월을 감아 용기 내벽의 물방울을 닦는다. 각진 용기의 모서리는 손가락 끝을 이용해 닦아낸다.

부분적으로 시든 이끼 손질법

직사광선이 비치는 곳이나 여름철 밤 에어컨이 꺼진 가게에 이끼 테라리움을 놓아두면 용기 내부의 온도가 높아져서 이끼가 시들거나 뭉그러진다.

그럴 때는 상한 부분을 잘라 내거나, 손상이 심하면 시든 이끼를 뽑고 새 이끼를 심는다. 이끼를 자를 때에는 손상 부위보다 조금 더 아랫부분을 가위로 자른다. 손상된 잎이 용기 안에 떨어지면 곰팡이가 생기기 쉬우므로 핀셋을 사용해 제거한다.

① 키가 큰 나무이끼가 고온으로 인해 갈변했다.

② 색이 변한 나무이끼를 핀셋으로 빼낸다.

③ 손상된 이끼를 제거한 상태.

④ 새로운 이끼를 심고 분무기로 물을 충분히 준다. 용기 내벽의 물기를 제거한다.

전체적으로 손상된 이끼 손질법

이끼 테라리움을 직사광선이 비치는 곳에 놓아두거나 여러 해 관리를 하지 않고 방치하면 이끼가 시들거나 전체적으로 상하기도 한다.

이끼가 전부 손상된 경우에는 모두 제거하고 다시 새 이끼를 심는다. 곰팡이가 피지 않은 돌이나 흙은 그대로 사용할 수 있다. 이끼를 심기 힘들 때는 숟가락으로 자갈을 퍼내고 이끼를 심은 후에 다시 집어넣는다. 나무이끼나 큰꽃송이이끼처럼 크기가 큰 이끼는 가장 나중에 심는다.

① 햇살이 강하게 비치는 창가에 방치해둔 탓에 이끼의 색이 전체적으로 갈변했다. 이끼가 말라 뭉그러졌다.

② 손상된 이끼를 모두 제거한다. 흙이나 돌은 그대로 사용해도 괜찮다.

③ 기존 이끼 테라리움의 디자인을 되살려 새 이끼를 심는다.

④ 이끼를 심은 후 분무기를 이용해 전체적으로 물을 충분히 준 후 마무리한다.

이끼 증식하기

이끼는 클론 증식으로 번식한다. 적옥토와 증식할 이끼를 준비한다. 적옥토가 없을 때는 물에 젖은 키친타월과 뚜껑 달린 용기로 대체할 수 있다.

　추운 겨울이라도 축축한 상태를 계속 유지하면 2~3주 후에는 싹을 틔운다. 털깃털이끼나 깃털이끼는 비교적 성장이 빠르다. 가는흰털이끼나 꼬리이끼는 성장 속도가 느리며, 사자이끼나 나무이끼는 매우 더디게 자란다.

　성장 중인 이끼는 직사광선이 닿지 않는 밝은 곳에 둔다. 그늘에 두면 쓸데없이 웃자란다. 성장이 빠른 이끼류는 6개월쯤 지나면 용기 안에 가득 퍼져 이끼 시트를 만든다.

　가는흰털이끼나 사자이끼, 구슬이끼처럼 둥근 콜로니 형태로 번식하는 이끼류는 키우는 도중에 작은 뭉치를 만들어 성장시킨다.

　큰꽃송이이끼나 나무이끼는 잎 아래 줄기를 잘라 적옥토 위에 얹고 2개월 정도 어두운 장소에 보관하면 싹을 틔운다.

① 이끼를 잘게 자른다.

② 적옥토 위에 자른 이끼를 뿌린다.

③ 분무기로 흙 속까지 충분히 물을 준다.

④ 1개월 후 새로운 싹이 돋아났다.

Part 2

이끼 테라리움 만들기

오래가는 이끼 테라리움

Part 2에서는 다양한 이끼를 사용해 이끼 테라리움을 만든다. 이끼 테라리움을 오랫동안 유지하려면 용기부터 신중하게 선택해야 한다. 뚜껑이 없는 개방형 타입인지, 유리병처럼 뚜껑을 닫는 밀폐형 타입인지에 따라 용기 안에 심는 이끼의 종류도 달라진다.

   개방형 테라리움에는 비교적 건조한 환경에서 잘 자라는 늦은서리이끼나 사자이끼가 적합하다. 반대로 밀폐형 테라리움에는 큰꽃송이이끼나 나무이끼가 잘 어울린다. 깃털이끼처럼 환경에 영향을 받지 않고 잘 자라는 이끼는 어디에나 활용할 수 있다. 깃털이끼는 성장이 빠르므로 키가 자라면 알맞게 다듬어준다. 54쪽에서는 물속에서 키울 수 있는 이끼를 이용해 아쿠아 테라리움을 만들었다. 이끼의 종류와 배치 방법에 따라 아쿠아 테라리움도 만들 수 있으니 꼭 시도해보자.

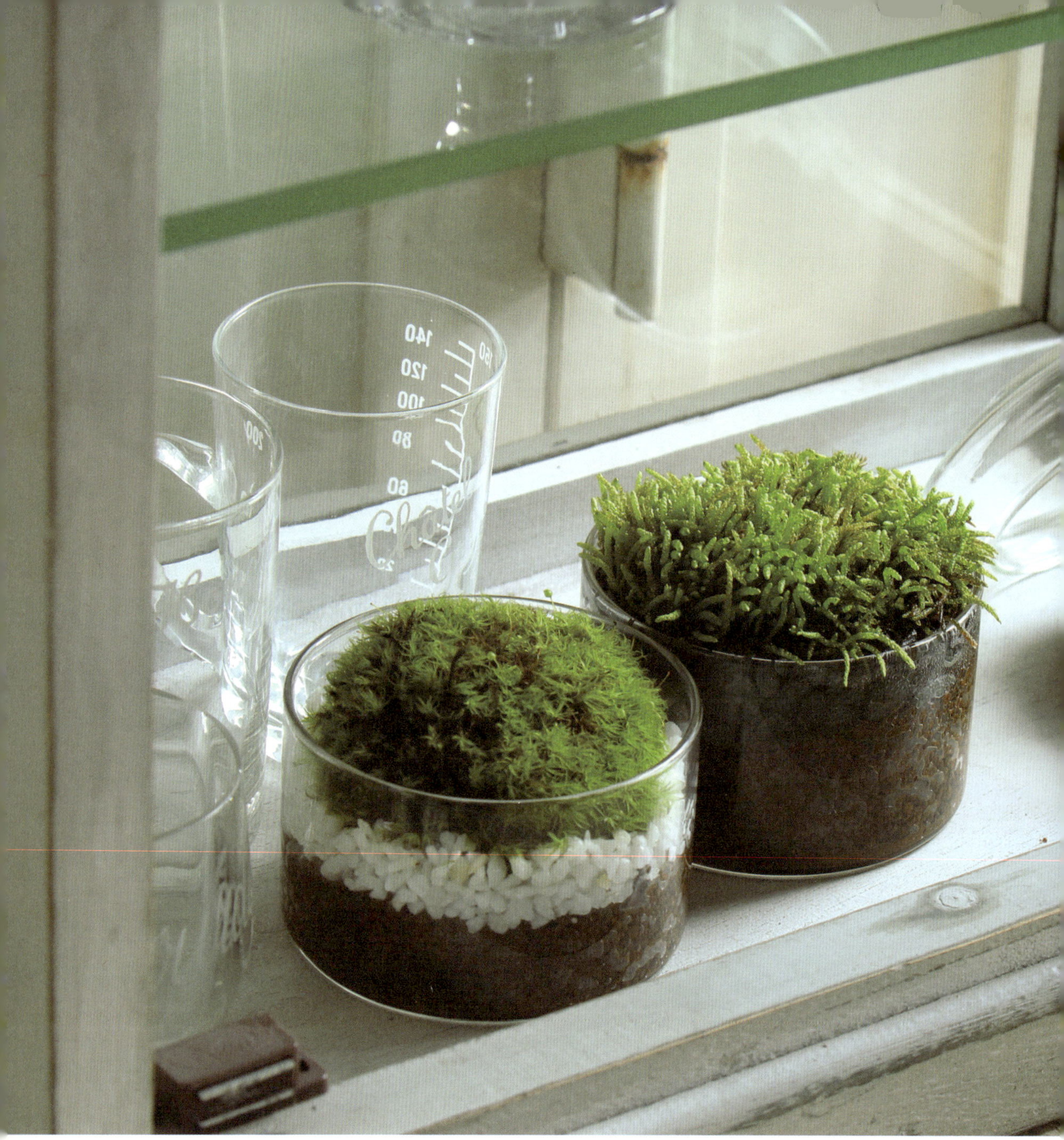

원형 용기를 활용한
개방형·밀폐형 겸용 이끼 테라리움

원형 유리 용기에 이끼 테라리움을 만든다. 뚜껑이 달린 용기는 사용 여부에 따라 개방형이나 밀폐형으로 모두 활용할 수 있다. 습기에 따른 이끼의 특성은 잠시 접어두고, 마음에 드는 이끼를 선택하자.

만드는 법

준비물: 구슬이끼, 적옥토(소립), 한수석, 원형 유리 용기, 가위, 핀셋, 숟가락, 분무기

1 용기에 적옥토(소립)를 넣는다. 가운데 부분을 높게 쌓아 산의 형태로 만든다.

2 용기 크기에 맞추어 구슬이끼를 자른다.

3 핀셋으로 이끼를 집어 흙에 심는다.

4 이끼를 숟가락으로 누르면서 전체적인 모양을 잡는다.

5 용기 가장자리를 장식하는 화장토로는 한수석을 사용한다.

6 흙과 이끼가 촉촉해질 때까지 분무기로 충분히 물을 준다.

* 만드는 방법에 소개된 작품은 38~39쪽 사진 왼쪽에 놓인 이끼 테라리움이다. 사진 중앙에 실린 작품에는 쥐꼬리이끼, 오른쪽에는 큰꽃송이이끼를 사용했다.

> 밀폐형 테라리움

높낮이를 활용한 이끼 테라리움

뚜껑이 달린 용기에 밀폐형 이끼 테라리움을 만든다. 세로로 긴 길이를 활용해 높낮이를 살리면 습기 조절이 가능해 건조한 환경에서 잘 자라는 이끼와 습한 환경에 강한 이끼를 함께 키울 수 있다. 돌을 사용해 흙이 흘러내리지 않도록 한다.

만드는 법

준비물: 깃털이끼, 가는흰털이끼, 나무이끼, 적옥토(소립), 자갈, 3~5cm 길이의 돌 2개, 뚜껑 달린 세로형 유리병, 가위, 핀셋, 숟가락, 분무기

①
유리병을 비스듬히 기울여 적옥토(소립)를 넣는다.

②
돌의 모서리 부분을 경사진 흙의 중앙에 묻듯이 넣는다. 유리병을 살살 흔들어 돌이 자리를 잡도록 한다.

③
같은 방식으로 ②에서 집어넣은 돌 옆에 돌을 하나 더 넣는다.

④
두 개의 돌 사이에 막대 모양으로 자른 깃털이끼를 넣는다.

⑤
돌 틈에 깃털이끼를 끼워넣고 다듬는다.

⑥
핀셋을 사용해 막대 모양으로 자른 깃털이끼를 두 개의 돌 반대편에 배치한다.

⑦ 병 윗부분에 적당한 크기로 자른 가는흰털이끼를 넣는다. 가는흰털이끼는 건조한 환경에서 잘 자라기 때문에 위쪽에 배치하는 것이 좋다.

⑧ 유리병 바닥에 숟가락이나 핀셋을 이용해 자갈을 집어넣는다.

⑨ 옆에서 볼 때 포인트가 되는 위치에 나무이끼를 심는다.

⑩ 분무기로 물을 충분히 준다.

오래 유지하기 위한 비결

종류가 다른 이끼를 한 용기에 심더라도 높낮이 차를 활용하면 위아래로 습도를 조절할 수 있다. 위쪽에는 비교적 건조한 환경에서 잘 자라는 이끼를, 아래쪽에는 습한 환경에서 잘 자라는 이끼를 배치하면 변화를 줄 수도 있고, 오랫동안 유지할 수 있다.

개방형 테라리움

돌이나 조개를 활용한 이끼 테라리움

고블릿에 만든 개방형 이끼 테라리움. 건조한 환경에서 잘 자라는 이끼를 선택한다. 악센트로 돌이나 조개껍질을 사용해 다양한 표정을 즐긴다. 여러 개를 만들어 나란히 장식해도 멋지다.

만드는 법

준비물: 꼬리이끼, 적옥토(소립), 한수석, 지름 2~3cm인 돌 1개, 고블릿, 가위, 핀셋, 숟가락, 분무기

1 고블릿의 30%를 적옥토로 채운다.

2 잔을 비스듬히 기울여 돌을 밀어 넣는다. 가볍게 흔들어 표면을 고르게 한다.

3 돌을 배치한 모습.

4 돌 주위에 꼬리이끼를 심는다. 여러 다발을 핀셋으로 집어 끼워 넣는다.

5 숟가락을 이용해 화장토용 한수석(흰색)으로 가장자리를 장식한다. 흙과 이끼 전체에 스며들 때까지 분무기로 충분히 물을 준다.

오래 유지하기 위한 비결

개방형 이끼 테라리움은 흙이나 이끼가 마르면 물을 충분히 준다. 직사광선이 닿는 창가는 피한다.

* 만드는 방법에 소개된 작품은 44쪽 사진에 실린 이끼 테라리움이다. 사진 제일 위 오른쪽에 놓인 테라리움은 가는흰털이끼와 무스카리 구근을 함께 심었고, 2번째 줄 왼쪽 유리잔에는 가는흰털이끼와 성게 껍질을, 3번째 줄 오른쪽 테라리움에는 늦은서리이끼와 돌을 사용했다.

이끼 테라리움의 장식 소재

이끼 테라리움을 만들 때는 자갈이 꼭 필요하다. 자갈은 이끼를 고정하거나, 여분의 수분을 흡수하지 않도록 한다. 자갈은 물과 바람에 풍화된 돌로 만들어진다. 자갈을 고를 때는 가능한 물에 강한 성분의 돌을 선택한다. 석회암이나 이암과 사암은 시간이 지나면 함유된 수분에 의해 부서지거나, 수소이온농도(pH)를 변화시킨다. 물에 강한 감람암 등이 적당하다.

　용암석이나 경석처럼 표면에 작은 구멍이 있는 돌에는 박테리아가 쉽게 번식하기 때문에 밀폐형 테라리움에는 적합하지 않다.

　테라리움을 꾸미는 데 사용하는 다양한 색상의 화장토는 종류에 따라 물에 염료가 녹아 나오는 것도 있다. 소량을 미리 물에 적셔서 색이 빠지지 않는지 확인한 후 사용하자.

　투명한 바다 유리는 손가락이 베일 수 있으니 직접 만지지 말고, 숟가락으로 살짝 떠서 천천히 장식한다.

조개껍질
붉은줄접시조개나 개오지를 이끼와 함께 장식하거나, 대왕조개나 소라처럼 구멍이 뚫린 조개껍질 속에 이끼를 심을 수도 있다. 성게 껍질은 부서지기 쉬우므로 조심스럽게 다룬다.

바다 유리(씨글라스)
모래사장이나 해안가에 떨어져 있는 바다 유리. 염분을 물로 씻어낸 후 사용한다.

자갈
쉽게 부서지거나 물에 약해 용토를 알칼리성으로 변화시키지 않는 자갈을 골라 이끼 주변에 놓으면 이끼의 오염을 방지할 수 있다. 좋아하는 색상의 자갈이나 수정 등 작은 크기와 여러 가지 색상의 광석들을 이용해 다양하게 즐길 수 있다.

암석
되도록 표면에 구멍이 많지 않고 매끈한 돌을 고른다. 용암석 같은 돌을 사용할 때에는 끓는 물에 넣어 암석 내부의 박테리아와 세균을 없앤 후 사용한다. 바다에서 주운 돌은 물에 담가 염분을 뺀다.

> 밀폐형 테라리움

암석을 활용한 유리 돔 테라리움

존재감이 느껴지는 암석에 접착제로 이끼를 붙여 입체감 있게 표현한다. 유리 돔은 깨지기 쉽기 때문에 암석을 벽에 기대어 놓지 말고 똑바로 세워 놓아야 한다. 접착제는 수분 경화성 타입을 선택한다.

만드는 법

준비물: 사자이끼, 늦은서리이끼, 적옥토(소립), 암석, 샬레, 유리 돔, 가위, 핀셋, 숟가락, 분무기, 접착제

① 샬레에 적옥토(소립)를 담고 중앙에 암석을 놓는다. 암석이 서 있을 수 있도록 제대로 고정한다.

② 물에 충분히 적신 사자이끼의 헛뿌리 부분에 접착제를 바른다. 접착제는 수분을 흡수하면 굳는 수분 경화성 타입의 제품을 고른다.

③ 접착제를 바른 이끼를 암석에 붙인다.

④ 테라리움의 전반적인 밸런스를 고려하며 사자이끼를 붙인다.

⑤ 암석 바닥에 늦은서리이끼를 식재한다. 사진으로는 양이 너무 많아 보이지만, 조금 넉넉하게 심는 것이 좋다.

⑥ 샬레에 늦은서리이끼를 심고 정리한다. 분무기로 물을 듬뿍 준 다음 돔을 씌운다.

밀폐형 테라리움

어떤 방향에서든 보는
재미가 있는 수평형 이끼 테라리움

유리병을 옆으로 눕혀서 만든 밀폐형 이끼 테라리움은 위나 옆, 어디에서나 들여다볼 수 있다. 용기가 길어서 삼등분해 안쪽에서 입구 쪽으로 작업을 진행한다.

 **준비물**: 나무이끼, 가는흰털이끼, 큰꽃송이이끼, 적옥토(소립), 암석, 자갈, 뚜껑 달린 유리 용기, 가위, 핀셋, 숟가락, 분무기

① 유리병의 가장 안정적인 면을 바닥에 놓는다. 유리병 안쪽에서 입구까지 완만한 경사가 지도록 적옥토(소립)를 담는다.

② 유리병 정중앙보다 조금 안쪽에 암석을 놓는다. 유리병을 가볍게 흔들어 암석이 안정적으로 자리 잡도록 한다.

③ 제일 안쪽에 자갈을 넣는다.

④ 핀셋으로 나무이끼를 심는다. 이끼를 식재할 때 옆으로 넣으면 비스듬하게 들어가기 때문에, 수직으로 심도록 주의한다. 자갈을 넣는다.

⑤ 중앙에 가는흰털이끼를 심는다.

만들 때 주의할 점

수평형 용기는 안쪽부터 입구까지를 삼등분한 후 그림처럼 ①→②→③의 순으로 작업을 진행한다.

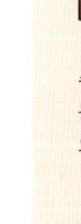

⑥ 가는흰털이끼 주위에 자갈을 넣는다. 옆과 위, 양쪽에서 균형을 확인한다.

⑦ 유리병의 제일 앞쪽에 큰꽃송이이끼를 심는다.

⑧ 입구 쪽에 돌과 자갈을 넣고 나무이끼와 큰꽃송이이끼를 심는다.

⑨ 병을 기울인 후 분무기를 이용해 전체적으로 물을 준다.

아쿠아 테라리움

수초와 이끼로 만드는 아쿠아 테라리움

물속에서도 잘 자라는 이끼를 사용해 아쿠아 테라리움을 만든다. 돌에 이끼를 감아 간단히 만들 수 있다. 물을 좋아하는 이끼를 찾아서 아쿠아 테라리움을 만들어보자.

 **준비물**: 윌로모스, 수초(붕어마름), 적옥토(소립), 암석, 맥반석, 무명실, 수조, 작은 크기의 컵, 페트병, 가위, 핀셋, 송사리

① 적옥토(소립)를 깨끗이 씻어 더러움을 제거한다.

② 씻어둔 적옥토(소립)로 수조의 15%를 채운다.

③ 적옥토(소립) 위에 맥반석을 깐다.

④ 흙이 튀지 않도록 수조 안에 작은 컵을 넣고 페트병 속 물을 붓는다.

⑤ 페트병 입구를 손가락으로 막고 조금씩 물을 채운다.

⑥ 수조의 25% 정도를 채운 후에는 위에서 물을 붓는다.

⑦
핀셋으로 붕어마름을 집어 맥반석 안쪽으로 찔러 넣는다.

⑧
돌에 윌로모스를 얹고 무명실로 감아 고정한다.

⑨
윌로모스로 덮은 돌을 수조 안에 넣는다.

밀폐형 테라리움

이끼볼과 함께! 다양한 이끼를 활용한 이끼 테라리움

이끼볼과 다양한 이끼를 모아 만들었다. 흙이 아닌 돌을 이용한 이끼볼을 사용했다. 이끼볼과 갖가지 이끼를 조화롭게 사용해 재미있는 이끼 테라리움을 만들어보자.

 **만드는 법** **준비물**: 깃털이끼, 가는물봉황이끼, 너구리꼬리이끼, 나무이끼, 큰꽃송이이끼, 적옥토(소립), 암석, 자갈, 무명실, 입구 넓은 유리병(3L 정도), 가위, 핀셋, 숟가락, 분무기

① 입구가 넓은 유리병에 적옥토(소립)를 넣는다. 이끼볼의 높이를 고려해서 조금만 담는다.

② 암석을 이끼로 감싼 이끼볼을 유리병 안에 넣는다. 이끼볼을 만드는 방법은 61쪽에 있다.

③ 이끼볼 옆에 가는물봉황이끼를 밀착시키듯이 흙 위에 얹는다.

④ 핀셋으로 너구리꼬리이끼를 집어 가는물봉황이끼 옆에 심는다.

⑤ 유리병 벽면을 따라 자갈을 넣는다.

⑥ 전체적인 균형을 살피며 나무이끼와 큰꽃송이이끼를 심는다.

⑦ 분무기로 물을 충분히 준 후 유리병 안쪽의 물기를 닦아낸다.

암석을 이용한 이끼볼 만들기

① 적당한 크기의 둥근 암석을 깃털이끼로 감싼다.

② 무명실로 한 바퀴 감아 묶는다.

③ 둥근 모양이 되도록 여분의 이끼를 자른다.

④ 무명실을 열십자(+) 모양으로 각각 5번 정도 단단하게 감아 둥근 이끼볼 모양을 만든다. 둥근 모양이 완성되면 실을 매듭짓는다.

⑤ 튀어나온 이끼를 자르고 모양을 다듬는다.

Part 2 이끼 테라리움 만들기 61

Part 2 이끼 테라리움 만들기

COLUMN

이끼 정원 만들기

    이끼 정원의 미니어처라고 말할 수 있는 이끼 테라리움은 용기나 장소에 따라 온도, 습도, 햇빛을 쉽게 관리할 수 있다. 하지만 이끼 정원은 습도나 햇살을 조절하기가 쉽지 않다. 필자는 이끼 정원을 제작해 달라는 의뢰를 받으면 햇살에 강한 이끼나 건조해도 그다지 외형에 변화가 없는 이끼를 선택한다.
    다음으로 이끼를 심을 장소의 환경을 살펴본다. 햇빛이 비치는지, 그늘이 지는지, 비가 오는 날 빗방울이 고이기 쉬운 곳인지를 파악한 후 그림으로 그려본다. 그리고 환경 조사 결과에 따라 이끼를 고른다. 햇살이 강하고 쉽게 건조해지는 곳에는 늦은서리이끼, 해가 비치는 곳에는 털깃털이끼, 나뭇잎 사이로 햇살이 비치고 쉽게 건조해지는 곳에는 아기붓이끼, 그늘지고 바람이 잘 통하는 곳에는 꼬리이끼나 비꼬리이끼가 적합하다. 연못 주변이나 습도가 높은 음지에서는 아기들덩굴초롱이끼나 깃털이끼가 잘 자란다. 음지이면서도 여름철 온도가 쉽게 높아지는 곳에는 가는흰털이끼나 작은흰털이끼를 심으면 좋다. 습도가 높고 시원하며 밝은 곳에는 솔이끼를 추천한다.
    이끼를 심을 때는 잡초가 생기지 않도록 사전에 방초 매트를 깐 다음 흑토, 적옥토(소립)를 두툼하게 깐다. 산야초를 함께 심으려면 이때 심는다. 백합이나 승마처럼 겨울에 낙엽이 지는 식물을 심을 때는 이끼가 아닌 자갈을 깐다.
    준비한 이끼를 물에 적신다. 이끼는 육묘 상자에 담겨 있는 경우가 많다. 헛뿌리 쪽에 원예용 주걱을 넣어 빼낸다.
    이끼를 다 심고 나서는 물을 충분히 준다. 이끼 아래에 있는 적옥토가 완전히 촉촉해질 때까지 2~3차례 물을 준다. 깔끔한 이끼 정원을 만드는 비결은 이끼 사이에 틈이 생기지 않도록 심는 것이다. 틈이 있으면 이끼가 바람에 뽑히거나 잡초가 자라기도 한다.
    이끼 정원에서 잡초를 발견하면 아직 어린 잡초였을 때 핀셋으로 뿌리째 뽑는다. 이끼가 손상된 경우에는 주변 이끼까지 제거한 후 새 이끼를 심는다. 이끼가 환경에 적응하려면 6개월에서 1년 정도의 시간이 필요하다. 그 사이 이끼가 마르거나 시들 수도 있지만, 끈기 있게 장소에 맞는 이끼를 찾는 일이 이끼 정원 완성을 향한 지름길이다.

가나가와현에 있는 개인 주택에 만든 이끼 정원. 도심과 가깝기 때문에 더위에 잘 견디는 이끼와 산야초를 골라 심어 마음이 치유되는 도시의 오아시스를 만들었다. 정원 디자인은 조경 디자이너 가나이 료이치가 맡았다.

이끼나 산야초를 심기 전 정원의 모습. 바위와 꽃나무, 유목이 있던 정원에 이끼와 산야초를 심기 위해 겉흙으로 흑토와 적옥토를 깔았다.

이끼 정원 만들기

먼저 빈 육묘 상자를 준비해 육묘 상자에 담긴 이끼를 뒤집는다. 원예용 주걱을 이용해 가장자리 이끼부터 떠서 뒤집어 놓는다. 적옥토에 자리를 잘 잡도록 가볍게 흔들어 심는다. 이끼를 심은 자리에는 물을 충분히 준다.

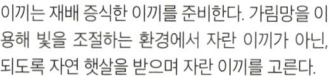

이끼는 재배 증식한 이끼를 준비한다. 가림망을 이용해 빛을 조절하는 환경에서 자란 이끼가 아닌, 되도록 자연 햇살을 받으며 자란 이끼를 고른다.

작은 연못 한가운데 있는 섬에 깃털이끼를 심었다.

이끼를 심기 전, 작은 연못 한가운데 있는 섬.

그늘이 지는 징검돌 주변에는 가는흰털이끼를 심었다.

해가 비치는 물가에는 털깃털이끼를 심었다.

작은 연못 주변 습한 곳에는 깃털이끼와 꼬리이끼를 심었다.

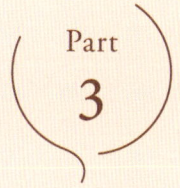

이끼와 식물 모아 심기

이끼와 함께 다양한 식물을 모아 심어보자

Part 3에서는 이끼와 산야초 등 여러 종류의 식물을 모아 심는다. 이끼를 비롯한 다양한 식물의 특성을 알고, 어울리는 식물을 함께 심으면 꼭 테라리움이 아니더라도 오랫동안 즐길 수 있다. 이끼로 만든 작은 숲속에 가녀린 산야초를 심으면 화분 하나로 사계절을 느낄 수 있다. 산야초 외에도 인기가 높은 구근 식물과 이끼를 함께 심어보자. 구근을 옮겨 심는 작업이 조심스럽기는 하지만 싹을 틔운 구근과 이끼를 조화롭게 모아 심거나, 이끼와 잘 어울리는 난초를 함께 심으면 꽃과 이끼를 동시에 즐길 수 있다.

이끼볼 역시 다른 식물과 모아 심어도 잘 어울린다. 특히 여름철 더위에 약한 고산 식물이나 물을 좋아하는 식물을 이용하면 오랫동안 즐길 수 있다.

가을에 열매를 맺는 딸기류를 사용하면 이끼의 선명한 녹색과 어울려 아주 근사하다.

Part 3 이끼와 식물 모아 심기

야쿠시마 바위취와 이끼 모아 심기

자유롭게 여닫을 수 있는 보석함을 이용해 산야초인 야쿠시마 바위취와 이끼를 함께 심는다. 분무기로 가끔 물을 주고, 직사광선이 닿지 않는 화장대 같은 곳에 두고 관리한다.

 **준비물**: 구슬이끼, 큰꽃송이이끼, 야쿠시마 바위취, 적옥토(소립), 암석, 자갈, 보석함, 가위, 핀셋, 숟가락, 분무기

1 용기 높이의 30%를 적옥토(소립)로 채운다.

2 구슬이끼의 모양을 다듬은 후 용기 안쪽에 심는다.

3 야쿠시마 바위취는 여분의 흙을 털어낸 후 핀셋을 이용해 심는다.

4 야쿠시마 바위취를 가볍게 흔들면서 흙에 심는다. 숟가락으로 흙을 북돋아준다. 야쿠시마 바위취 옆에 암석을 놓는다.

5 숟가락으로 자갈을 넣는다.

둥근 포자낭이 귀여운 구슬이끼. 이른 봄 동그란 삭이 달린다. 키우기 쉬워 인기가 높다.

바위취의 일종인 야쿠시마 바위취는 크기가 매우 작다. 습기를 좋아해서 이끼와도 잘 맞는다.

6

큰꽃송이이끼를 핀셋으로 집어 자갈 아래 심는다.

7

분무기를 이용해 물을 듬뿍 준다.

- 보석함에서 물이 샐 수도 있으니 식물을 심기 전에 물이 새지는 않는지 확인하자. 물이 새면 납땜하거나, 방수 테이프를 붙여 예방한다.

노루귀와 이끼 모아 심기

작은 꽃이 아름다운 노루귀와 이끼를 깔끔하게 모아 심는다. 노루귀는 이끼와 잘 어울리고 음지에서도 잘 자란다. 건조해지면 물을 충분히 준다.

만드는 법

준비물: 노루귀, 털깃털이끼, 적옥토(중립·소립), 자갈, 화분, 가위, 핀셋, 숟가락, 분무기

①
화분에 적옥토(중립)를 절반 정도 채운 후 노루귀를 심는다. 꽃이 핀 경우에는 뿌리에 붙은 흙째로 심는다.

②
물을 줄 때 필요한 공간 1cm 정도를 남기고 적옥토(소립)를 넣는다.

③
털깃털이끼를 흙 표면에 심는다. 물을 흡수할 수 있도록 노루귀 뿌리 주변에는 이끼를 심지 않는다.

④
노루귀 앞쪽에 자갈을 깐다.

⑤
숟가락이나 원예용 주걱을 이용해 화분 밖에 뻗어 있는 이끼를 가지런히 정리한다.

⑥
이끼와 자갈의 높이를 맞추기 위해 자갈을 추가한다. 물을 충분히 준다.

일본 노루귀의 종류*

노루귀는 미나리아재비과 노루귀속 식물의 총칭이다. 일본에는 6종, 전 세계에 12종, 모두 18종의 노루귀가 존재한다. 북반구에 위치한 유럽 국가나 중앙아시아, 동아시아, 미국에 자생한다. 그중 일본에서는 노루귀과의 남쪽 한계 지점에 해당하는 오이타현에 자생지가 있다.

아시가라스하마소
Hepatica nobilis Schreb. var. *japonica* Nakai f. *candida* Ohno.
꽃잎 수는 6장이며 흰색 꽃이 핀다. 수술은 붉은색, 분홍색, 흰색을 띤다. 향기가 진하다. 잎 표면에 광택이 있고, 뒷면에는 붉은 반점이 있다. 2012년 가나가와현 하코네 외륜산에서 필자가 발견해 이름을 붙인 새로운 품종이다.

스하마소
Hepatica nobilis Schreb. var. *japonica* Nakai f. *variegata* (Makino) Nakai.
꽃잎은 6장이며 흰색, 또는 옅은 분홍색이다. 수술은 흰색이고, 향기가 날 때도 있다. 잎은 살짝 광택을 띠며 잎끝이 둥글다. 평지나 낮은 언덕의 잡목림 주변에서 많이 볼 수 있다. 태평양 쪽에 위치한 보소반도와 미우라반도 사이에 자생한다.

미스미소
Hepatica nobilis Schreb. var. *japonica* Nakai f. *japonica* (Nakai) Yonek.
꽃잎의 수는 9~18장으로 많은 편이다. 흰색, 분홍색, 크림색 외에도 귀한 대접을 받는 노란색 꽃도 있다. 잎끝은 대부분 삼각형 모양으로 뾰족하다. 규슈에서 간토 지역, 도호쿠 신에쓰 지역에 걸쳐 자생한다.

자오스하마소
Hepatica nobilis Schreb. var. *japonica* Nakai f. *zaoensis* Ohno&S.Tsuru.
꽃잎 수는 6장이며 흰색 꽃이 핀다. 수술은 붉은색, 분홍색, 흰색을 띤다. 잎의 크기가 크고, 표면에 대리석 무늬가 있다. 잎의 표면, 뒷면, 잎자루, 줄기에 털이 많다. 미야기현 경계에 위치한 자오산맥에서 2016년 필자와 지인이 발견해 이름을 붙인 새로운 품종이다.

게스하마소
Hepatica nobilis Schreb. var. *pubescens* (M.Hiroe) Kitam.
꽃잎 수는 6~9장으로 흰색, 분홍색, 붉은색 꽃이 핀다. 꽃잎 끝에 무늬가 있다. 잎은 크고 잎끝은 뾰족하다. 일본 노루귀속 식물 중 유일하게 염색체 수가 생식 세포 염색체 수의 네 배인 사배체 식물이다. 중부 이남 지역에 자생한다.

오미스미소
Hepatica nobilis Schreb. var. *japonica* Nakai f. *magna* (M.Hiroe) Kitam.
꽃잎 수는 6~9장이다. 붉은색, 보라색, 흰색, 녹색 등 다양한 색의 꽃이 피고, 겹꽃잎인 경우도 있다. 잎 모양은 다양해 뾰족한 것도 있고 둥근 것도 있다. 동해 주변 바람이 잘 통하는 숲에 자생한다.

---

* 우리나라에서는 제주도를 제외한 전국의 숲속에 자란다.–옮긴이

손에 흙을 묻히지 않고 만드는 가울테리아 이끼볼

이끼와 가울테리아를 활용한 이끼볼이다. 지퍼 백을 이용하면 손에 흙을 묻히지 않고 손쉽게 이끼볼을 만들 수 있다. 새빨갛고 귀여운 열매가 열리는 가울테리아는 이끼와 잘 어울린다.

만드는 법

준비물: 가울테리아, 깃털이끼, 적옥토(소립), 케토흙, 지퍼 백, 무명실, 가위, 분무기

1 케토흙과 적옥토(소립)를 각각 한 줌씩 지퍼 백에 담고 물을 넣어 잘 섞는다.

2 가울테리아 뿌리에 붙은 흙 그대로 지퍼 백에 넣어 주먹밥을 만들 듯 표면에 흙을 뭉친다.

3 펼쳐 놓은 깃털이끼의 헛뿌리 쪽에 가울테리아를 얹는다.

4 이끼로 감싼다.

5 무명실로 이끼볼 표면을 묶는다. 열십자(+)로 실을 꼼꼼하게 감는다.

6 손으로 모양을 정리한 후 튀어나온 이끼를 자른다. 물을 듬뿍 준다.

구근과 이끼 모아 심기

구근 식물과 이끼를 화분에 모아 심었다. 구근인 상태와 싹이 나온 상태, 이렇게 구근 식물의 두 가지 패턴을 소개한다. 구근은 화분에 심어 놓으면 다음 해에 또 꽃이 핀다.

싹 튼 구근 옮겨심기

준비물: 구근(무스카리), 깃털이끼, 적옥토(소립), 화분, 화분 망, 가위, 숟가락, 원예용 주걱, 분무기

만드는 법

① 화분 망을 깔고 화분의 절반을 적옥토(소립)로 채운다.

② 싹을 틔운 무스카리를 화분에서 빼낸다. 뿌리가 다치지 않도록 흙을 조금씩 털어내고 옮겨 심는다.

③ 구근이 보이지 않게 흙으로 덮는다.

④ 흙 표면에 깃털이끼를 전체적으로 심는다.

⑤ 화분 밖으로 뻗은 이끼는 원예용 주걱을 이용해 안쪽으로 밀어 넣는다. 물을 충분히 준다.

구근 옮겨심기

준비물: 구근(크로커스), 가는흰털이끼, 적옥토(소립), 자갈, 화분, 화분 망, 가위, 핀셋, 숟가락, 분무기

만드는 법

1 화분 망을 깔고 화분의 절반을 적옥토(소립)로 채운다.

2 크로커스 구근을 넣는다. 이때 구근의 방향에 주의한다.

3 구근은 이끼를 뚫고 자랄 수 없기 때문에 싹이 날 부분은 제외하고 이끼를 심는다.

4 싹이 날 부분에는 자갈을 깔고 물을 듬뿍 준다.

우편함을 이용한 난 행잉 화분

와이어로 만든 우편함에 난 행잉 화분을 만들었다. 난 뿌리를 이끼로 감싸 행잉 화분으로 활용했다. 난은 덴드로븀이나 미니 카틀레야처럼 다른 식물의 표면이나 바위에 붙어서 자라는 착생란이라면 모두 가능하다.

만드는 법 **준비물**: 깃털이끼, 미니 카틀레야, 와이어 우편함, 핀셋, 가위, 분무기

① 깃털이끼의 헛뿌리가 위로 오도록 펼친다.

② 화분에서 빼낸 미니 카틀레야를 이끼 중앙에 놓는다.

③ 이끼의 형태가 망가지지 않도록 우편함에 천천히 넣는다.

④ 핀셋을 이용해 빈틈에 이끼를 추가로 심는다.

⑤ 분무기로 물을 충분히 준다.

Part 3 이끼와 식물 모아 심기

이끼와 산야초, 구근 식물 플레이트

테라스 식물을 이용해 이끼 언덕을 만들어보면 어떨까. 선애기별꽃과 구근 식물 등, 좋아하는 꽃을 모아 심어보자. 여행지에서 만난 유럽의 원예가들은 이런 식으로 이끼를 즐겨 활용했다.

 **준비물:** 가는흰털이끼, 구슬이끼, 선애기별꽃, 무스카리, 적옥토(소립), 접시, 가위, 핀셋, 분무기

1
접시에 적옥토(소립)를 담는다. 식물을 배치할 부분에는 흙을 조금 오목하게 담는다.

2
오목한 곳에 식물을 심는다. 꽃봉오리가 나오는 시기의 선애기별꽃은 뿌리에 붙은 흙을 제거하지 않는다. 무스카리는 흙을 털어낸 후 심어도 좋다.

3
무스카리 주위에 흙을 담는다.

4
선애기별꽃 주위를 가는흰털이끼로 덮는다.

5
구슬이끼를 심은 후 물을 듬뿍 준다.

유리 밀폐 용기로 만든 이끼 숲

다양한 이끼를 모아 이끼 숲을 만든다. 3단으로 겹쳐 놓을 수 있는 유리 밀폐 용기를 이용해 다양한 변화를 즐겨보자.

아기들덩굴초롱이끼와 가는물봉황이끼와 산호사 배치

준비물: 아기들덩굴초롱이끼, 가는물봉황이끼, 산호사, 적옥토(소립), 유리 밀폐 용기, 가위, 핀셋, 숟가락, 분무기

 만드는 법

① 용기에 적옥토(소립)를 담는다. 산호사로 덮을 부분은 흙을 경사지게 넣는다.

② 용기 크기에 맞추어 자른 아기들덩굴초롱이끼를 심는다.

③ 아기들덩굴초롱이끼의 오른쪽 옆에 가는물봉황이끼를 심는다.

④ 아기들덩굴초롱이끼 왼쪽 옆으로 가는물봉황이끼를 하나 더 심는다.

⑤ 용기 벽면을 따라 이끼를 심지 않은 부분에는 산호사를 넣는다. 이때 산호사가 이끼에 닿지 않도록 주의한다.

⑥ 분무기로 물을 듬뿍 준다.

쥐꼬리이끼와 나무이끼와 자갈길 배치

준비물: 쥐꼬리이끼, 나무이끼, 적옥토(소립), 맥반석, 유리 밀폐 용기, 가위, 핀셋, 숟가락, 분무기

만드는 법

1 쥐꼬리이끼를 다듬는다. 헛뿌리(갈색 부분) 길이가 길면 잘라준다.

2 용기에 적옥토(소립)를 넣고, 다듬은 이끼를 양쪽으로 배치한다.

3 중앙에 맥반석을 깐다. 원근감을 살리기 위해 앞쪽에는 작은 크기를, 뒤쪽에는 좀 더 큰 크기의 맥반석을 넣는다.

4 전체적인 균형을 살려 나무이끼를 심는다.

5 마지막으로 물을 충분히 준다.

다섯 가지 이끼 숲

준비물: 꼬리이끼, 큰꽃송이이끼, 털깃털이끼, 나무이끼, 너구리꼬리이끼, 적옥토, 자갈, 암석, 유리 밀폐 용기, 가위, 핀셋, 숟가락, 분무기

만드는 법 ①

① 용기에 적옥토(소립)를 경사지게 담는다.

② 경사면 아래쪽에 꼬리이끼를 심는다. 여러 촉을 핀셋으로 집어 흙 안에 끼워 넣는다.

③ 꼬리이끼 옆에 자갈을 깐다.

④ 자갈 부분에 큰꽃송이이끼를 심는다.

⑤ ②에서 심은 꼬리이끼 안쪽에 암석을 놓는다.

Part 3 이끼와 식물 모아 심기

다섯 가지 이끼 숲

만드는 법 ②

⑥ 용기 벽을 따라 꼬리이끼 앞쪽에 자갈을 넣는다.

⑦ 용기 중앙에 꼬리이끼 뒤편의 돌보다 위쪽으로 높낮이 차가 생기게 돌을 올린다.

⑧ 꼬리이끼 뒤편에 털깃털이끼를 심는다.

⑨ 털깃털이끼 안쪽으로 나무이끼를 심는다.

⑩ 나무이끼 옆, 큰꽃송이이끼 뒤편에 너구리꼬리이끼를 심는다.

⑪ 이끼의 전체적인 균형을 살려 다듬은 후 물을 듬뿍 준다.

마음을 편안하게 해주는 치유의 돌

돌에 이끼를 붙여 단 10초 만에 손쉽게 완성할 수 있는 이끼 배치. 사진 속 작품은 44쪽에서 사용한 고블릿에 이끼와 구근을 모아 심고, 그 주위를 이끼를 붙인 돌로 장식한 것이다. 돌에 이끼를 붙이는 과정이 전부라 아주 간단하지만, 곁들이는 소품에 따라 가지각색의 표정을 보여준다. 이렇게 만든 돌을 필자는 '치유의 돌'이라고 부른다.

만드는 법

준비물: 사자이끼, 돌, 접착제, 가위, 분무기

1. 사자이끼를 물에 적신 후, 헛뿌리 쪽에 접착제를 바른다.

2. 접착제를 바른 이끼를 돌에 붙인다. 거주에 강한 이끼를 선택하면 관리가 쉽고 오랫동안 유지할 수 있다.

이끼와 모아 심기 좋은

식물도감

비교적 습한 환경에서 잘 자라는 이끼와 어울리는 식물을 소개한다. 식물의 특징을 알고 잎, 꽃, 열매를 즐겨보자.

 잎을 즐기는 식물
 꽃을 즐기는 식물
 구근 식물
 열매를 즐기는 식물

 야쿠시마 바위취
Saxifraga stolonifera

잎이 아주 작은 바위취로 야쿠시마에서 발견되었다. 잎의 크기가 작아서 유리병 용기에 넣어 키울 수 있다. 새 가지가 나오면 잘라내고, 잎이 커지면 솎아서 작은 스타일을 유지한다. 건조에 약하기 때문에 습도를 유지하며 재배한다. 아기들덩굴초롱이끼, 큰꽃송이이끼, 구슬이끼와 잘 어울린다.

 상록넉줄고사리
Humata tyermanii

타이완이 원산지인 양치류 식물로 사계절 내내 푸른 잎을 볼 수 있는 상록식물이다. 음지나 양지 상관없이 잘 자란다. 잎과 줄기의 깔끔한 외형으로 인기가 있다. 개방형 이끼 테라리움에서 키우기 적합하다. 항상 습한 상태를 싫어하기 때문에 건조해지면 물을 준다. 구슬이끼, 너구리꼬리이끼, 가는흰털이끼와 잘 맞는다.

에퀴세툼 바리에가툼
Equisetum variegatum

속새과의 식물로 잎이 가늘고 촘촘하다. 홋카이도, 시베리아 등 북반구에 자생한다. 에퀴세툼 바리에가툼은 물을 아주 좋아해서 물에 반쯤 담근 채 키울 수 있다. 깃털이끼와 에퀴세툼 바리에가툼으로 만든 이끼볼을 물에 담가 놓으면 여름 정취를 느낄 수 있다. 추운 지역에서는 낙엽이 진다. 양지에서 재배하는 것이 좋다.

 뱀톱
Lycopodium serratum

그늘진 숲속 부엽토에 자생한다. 상록식물로 뾰족한 잎이 브러시처럼 자란다. 밑줄기에서 가지가 나뉘며 증식하는데, 성장은 더디다. 뚜껑 달린 유리 용기에 재배할 수 있으며, 실내 밝은 곳에서도 키울 수 있다. 수분이 많으면 뿌리가 상하기 쉬우므로 주의한다. 가는흰털이끼나 꼬리이끼, 구슬이끼와 잘 맞는다.

 풍지초
Hakonechloa macra

잎의 뒷면이 겉으로 드러나는 모습이 색다르다. 일본 고유종으로 벼과에 속한다. 작은 바람에도 흔들려서 풍지초라고 불린다. 잎은 줄무늬가 있거나 황금색인 것도 있다. 시각적으로 시원해 보여서 여름에 어울리는 이끼볼을 만들 때 활용하거나 다른 산야초와 함께 심는다. 겨울이 오면 땅 위의 잎들이 마르므로 잘라주는 것이 좋다. 건조에 약해서 바로 잎이 바짝 마르기 때문에 물을 담은 수반에서 키우면 잘 자란다.

 오미스미소
Hepatica nobilis var. japonica f. magna

봄에 가녀린 꽃을 피우는 미나리아재비과의 식물이다. 꽃의 색이나 모양이 다양해 늘어놓고 보아도 좋다. 잎은 1년에 1번 봄에 나오며 항상 초록을 유지한다. 꽃이 진 후에는 윤기 있는 잎을 즐겨도 좋을 것이다. 경석을 이용한 화분이나 작은 테라코타 등 물 빠짐이 좋은 경질 적옥토나 경질 녹소토에 심는다. 4월 말부터 10월 말까지는 직사광선을 피한다.

 선애기별꽃
Houstonia caerulea

북아메리카의 밝은 숲속에 자생하는 꼭두서니과의 식물이다. 초봄부터 6월까지 하늘색이나 흰색의 십자가 모양 꽃이 핀다. 잎이 작고 꽃줄기가 쭉 뻗은 섬세한 모습으로 인기가 있다. 밑줄기가 습기에 약하기 때문에 용암석처럼 물 빠짐이 좋은 암석에 심거나, 접시에 용토를 높게 쌓은 후 심는다. 꽃자루나 손상된 줄기는 잘라낸다. 햇살이 비치는 곳에서 잘 자란다.

 흰들제비꽃
Viola betonicfolia var. albescens

일본의 마을 인근 산에 자생하는 제비꽃의 일종이다. 노랑제비꽃처럼 고산 지대에서 자라는 종류를 제외하면 이끼 테라리움에 이용할 수 있다. 스스로 씨를 뿌리기 때문에 쉽게 증식하지만, 다른 식물의 성장을 해칠 수 있으니 주의한다. 또 제비꽃은 한 종류씩 심어야 오래 산다. 깃털이끼나 가는흰털이끼와 잘 어울리며 반그늘에서 재배한다.

 바위떡풀
Saxifraga fortunei var. alpina

범의귀과에 속하는 식물로 가을이 되면 큰 대(大)자를 닮은 모양의 꽃이 핀다. 분홍색, 붉은색, 흰색, 황록색 등 색이 다양하고, 겹꽃잎인 품종도 있다. 그중 붉은색의 바위떡풀과 이끼의 색채 대비가 특히 멋지다. 깃털이끼로 만든 이끼볼과 잘 어울린다. 직사광선과 건조에 아주 약해 재배할 때는 그늘에서 키우고 물을 많이 준다.

 이와타바코
Conandron ramondioides

습한 음지에 놓인 바위 표면에 달라붙어 자라는 식물로 6월에는 귀여운 별 모양의 꽃이 가득 핀다. 보라색 외에도 흰색, 분홍색의 꽃이 있다. 용암석에 심거나 구멍이 없는 화분에 흙을 높이 돋우어 심은 후 주변을 이끼로 덮어도 좋다. 물 부족과 직사광선에 아주 약하기 때문에 음지에서 재배한다. 겨울철에는 잎을 떨구고 휴면한다.

 클리오네 땅귀개
Utricularia warburgii

중국 남서부에 자생하는 통발과의 식충식물이다. 무각거북고둥과의 클리오네를 닮은 모습으로 인해 클리오네 땅귀개라고 불린다. 남아프리카에 자생하는 샌더소니 블루와 같은 종이다. 물을 좋아하는 이끼와 잘 어울리며, 유리 용기에 적옥토(소립)를 담아 심은 후 주위에 이끼를 깔고 물을 담아 재배한다.

 ### 붓꽃
Iris sanguinea

초여름에 피는 붓꽃과의 식물이다. 같은 종의 꽃으로는 물가에서 볼 수 있는 꽃창포, 제비붓꽃이 있다. 화분에 심어 재배하려면 붓꽃을, 이끼볼로 만들거나 수반에 물을 채워 키우려면 꽃창포나 제비붓꽃을 추천한다. 초여름을 대표하는 산야초로 사람들에게 사랑받는다. 바람이 잘 통하는 양지에서 재배하면 예쁜 꽃을 볼 수 있다.

 ### 크로커스
Crocus

봄이 오면 가늘고 긴 잎의 중심부에서 보라색, 노란색, 흰색의 꽃이 피는 붓꽃과의 식물로 이탈리아를 비롯한 유럽 남부와 지중해 연안에 자생하고 고산 지대에서도 자란다. 초여름이 되면 잎을 떨구고 휴면기에 들어간다. 구근 식물을 이용해 이끼 테라리움을 만들 때는 구근의 싹이 나오는 부분에 이끼를 심지 않고 작은 돌을 깔아서 밝은 장소에서 키운다.

 ### 미니 카틀레야
Cattleya Mini Cattleya

카틀레야 원종은 바위나 나무에 착생하는 난이며 원산지는 중남미다. 카틀레야와 근연종을 교배해 소형화한 것이 미니 카틀레야다. 미니 카틀레야는 추위에 비교적 강해서 실내 온도가 영상이라면 월동도 가능하다. 함께 심은 이끼가 마르면 물을 충분히 준다. 직사광선을 피해 밝은 곳에서 관리한다.

 ### 무스카리
Muscari

봄이 되면 작은 종 모양의 꽃을 늘어뜨리는 백합과의 식물이다. 꽃의 색은 보라색, 하늘색, 분홍색, 흰색, 노란색 등 아주 다양하다. 여름철에는 잎을 떨구고 휴면한다. 테라코타에 심어 재배할 수 있는데, 가을에는 새잎을 길게 뻗는다. 이끼 테라리움에 활용할 때는 맘에 드는 테라코타나 흙을 두둑이 담은 접시에 싹이 난 구근을 심어 즐길 수 있다.

 소엽맥문동
Ophiopogon japonicus

백합과 식물로 초여름 연보라나 흰색을 띤 작은 별 모양의 꽃이 핀다. 겨울철에는 검푸른 빛의 작은 열매가 방울처럼 예쁘게 달린다. 음지에서 재배할 수 있고, 다양한 이끼와 함께 사용할 수 있다. 뿌리가 물에 강해서, 적옥토(소립)를 넣은 유리잔에 털깃털이끼나 깃털이끼와 함께 심어도 잘 어울린다.

 넌출월귤
Vaccinium oxycoccos

여름철에는 꽃잎을 뒤로 젖힌 옅은 분홍빛 꽃이 피고, 가을에는 새빨간 열매를 맺는 진달래과의 식물이다. 크랜베리라는 이름으로 더 잘 알려졌다. 전 세계에 4가지 종류가 있으며 일본에는 3가지 종류가 자생한다. 산성 토양에서 잘 자라며, 물이끼에 파묻듯이 심은 후 물에 담가 재배할 수도 있다. 양지에서 재배하면 가을철 붉게 물든 단풍도 즐길 수 있다.

 자금우
Ardisia japonica

초여름이 되면 잎 아래쪽에 작은 별 모양의 귀여운 꽃이 핀다. 겨울철에 붉거나 흰 열매를 맺는 자금우과의 식물로, 잎의 모양이 다르거나 무늬가 있는 경우도 있다. 음지에서 잘 자라며 1년 내내 실내에서도 재배할 수 있다. 이끼볼로 만들거나 유리컵에 심기도 하고 유리 단지에 뚜껑을 닫아 키울 수도 있다.

 가울테리아
Gaultheria procumbens

북아메리카에 자생하는 파스향나무의 일종이다. 초여름 블루베리를 닮은 종 모양의 꽃이 가득 핀다. 겨울철에는 붉은 열매가 주렁주렁 달려 봄까지 사람들의 눈을 즐겁게 한다. 음지에서도 재배할 수 있으며, 다른 식물보다 더위에 강하다. 건조에 약해 마르기 쉬우므로 주의한다. 이끼볼로 이용하거나 유리컵에 흙을 돋우고 심으면 좋다.

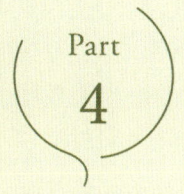

야외에서
이끼 관찰하기

이끼 관찰 장소

집 정원이나 마을 공원, 출퇴근길 도로변 등, 이끼는 우리 주위 어디에서나 볼 수 있다.

평소에는 잘 알아차리지 못하지만, 비가 내리는 날이면 수분을 잔뜩 머금은 이끼가 예쁜 녹색을 뽐내기 때문에 발견하기 쉽다. 어디에서나 조금만 주의를 기울이면 이끼와 만날 수 있다.

물론 이끼 도감에서 보고 싶은 이끼 종류를 정한 후 산에 올라 원하는 이끼를 관찰할 수도 있다. 이끼는 종류에 따라 관찰할 수 있는 장소가 다르다.

도심 도로변 아스팔트에서 자라는 은이끼나 참꼬인이끼, 뱀밥철사이끼, 또 이끼볼을 만들 때 사용하는 깃털이끼나 털깃털이끼는 교외 산기슭 해발 500m 부근에서 많이 발견되고, 이끼 테라리움에 자주 사용하는 구슬이끼나 큰꽃송이이끼는 산속 700m 근방에서 찾아볼 수 있다. 꼬리이끼나 솔이끼는 해발 1,200m 부근에 자생한다. 모양이나 색이 독특한 된서리이끼나 타조이끼는 해발 2,000m에 이르는 고산 지대에서 볼 수 있다.

주변에서 볼 수 있는 이끼의 종류나 도감에서 발견한 흥미로운 이끼를 찾아 관찰해보자. 처음에는 지도나 웹사이트에서 보고 싶은 이끼를 찾아 자생 지역의 산 높이를 알아본다. 산에서 이끼를 관찰하기에 적합한 시기는 눈이 녹은 후부터 장마 전, 그리고 단풍이 지는 계절이다.

장마가 끝난 후 기온이 높아진 산에는 파리매나 등에, 또 말벌이 날아다니며 사람을 쏘거나 물기 때문에 위험하다. 벌이 다가오면 허둥대지 말고 날아가기를 기다리고, 파리매나 등에는 민트 냄새를 싫어하니 청량감 있는 민트 스프레이를 옷에 뿌려 대처한다. 땅에는 지네, 거머리, 유혈목이나 살모사 같은 뱀도 있다. 피부가 조금만 드러나도 거머리가 달려들어 피를 빨 수 있으니 바짓단을 양말 안에 넣는 등 철저히 대비한다. 산에는 이런 생물들이 많기 때문에 주의해야 한다.

또 가을이 되면 곰의 서식지에서는 동면하기 전 먹이를 찾아 헤매는 곰이 가끔 출몰하기도 한다. 특히 저녁 무렵 활발히 활동한다. 검은 물체가 움직이는 모습을 발견하면 자극하지 말고 바로

스마트폰으로 근접 촬영한 후 확대하면 세세한 부분까지 잘 볼 수 있다.

필자의 집에서 사용하는 작업 책상. 현지 정보를 조사하고, 이끼 종류를 분석하기도 한다. 도감과 관찰 노트 뒤로 이끼 테라리움이 보인다.

그 자리에서 벗어나자.

복장은 긴소매 셔츠, 긴 바지, 목이 긴 양말, 장화나 등산화를 갖추는 것이 좋다. 사람을 보고 깜짝 놀란 곰이 당황해 공격하지 않도록 미리 옷에 종을 매달기도 한다.

간단한 음료, 스마트폰, 수건, 비옷도 준비한다. 급변하는 날씨로 산에서 발이 묶일 때를 대비해 초콜릿이나 사탕, 예비 배터리도 챙긴다.

과거에는 이끼를 관찰할 때 확대경을 사용했지만, 지금은 스마트폰으로 더 편하게 관찰할 수 있다. 스마트폰으로 근접 촬영을 한 후 화면을 확대하면 세세한 부분까지 확인이 가능하다. 촬영 후 사진을 보며 조사할 수도 있다. 또 스마트폰의 GPS 기능을 활용하면 위치도 파악할 수도 있다.

녹색의 아름다운 이끼를 관찰하려면 관찰지 날씨를 조사하는 것도 잊어서는 안 된다. 이끼는 비가 내려 습한 상태일 때 더욱 아름답다. 맑은 날이 이어지면 바싹 마른 이끼를 보게 된다. 이끼는 되도록 비가 내린 다음 날 관찰하자. 물을 가득 머금은 이끼가 선명한 녹색으로 빛날 것이다.

비가 내린 산길은 젖어서 미끄럽거나 질퍽거린다. 마음에 드는 이끼를 빨리 보고 싶은 마음은 이해하지만, 천천히 걸으며 이끼를 관찰하자.

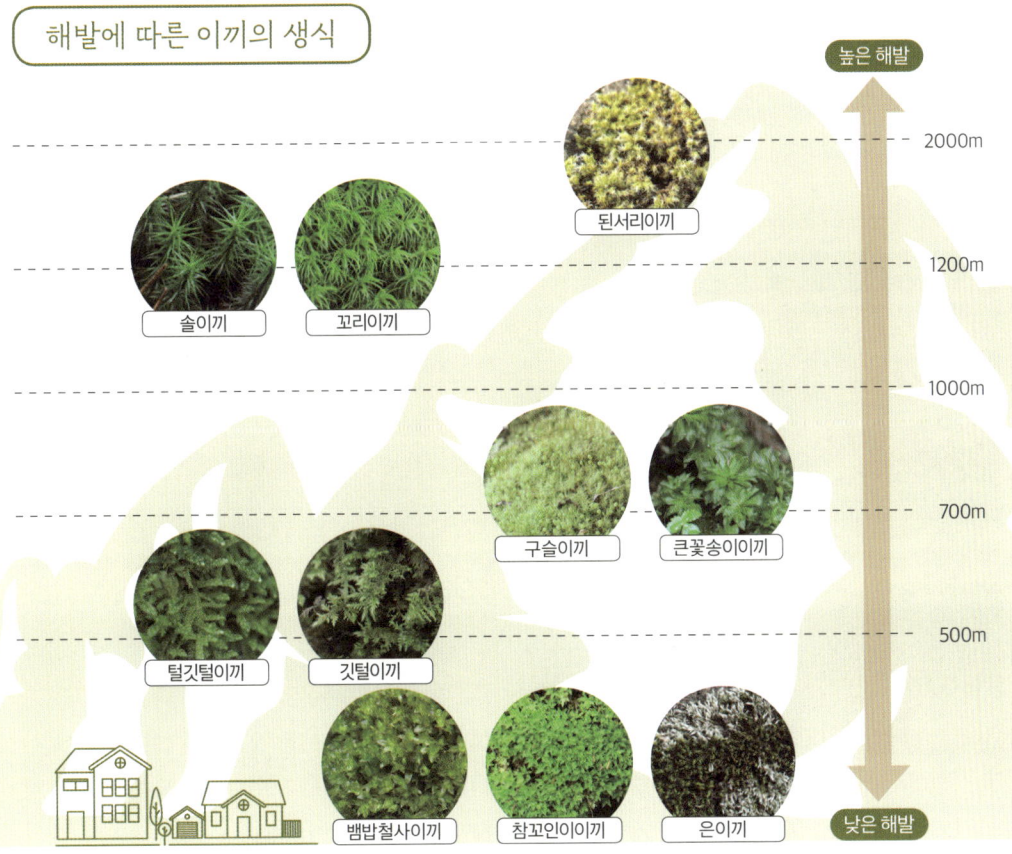

해발에 따른 이끼의 생식

관광지에서 만나는 이끼

이끼는 자연 속뿐만 아니라 사람들이 붐비는 곳에서도 만날 수 있다. 유명 관광지에도 이끼를 관찰하기 좋은 장소가 여럿 있다. 여행지에서 이끼를 찾아 즐겨보면 어떨까? 일본과 해외에서 볼 수 있는 이끼를 소개한다.

교토

서일본에 있는 교토는 여름에 덥고 겨울에 추운 분지다. 끝없이 이어지는 천 개의 도리로 유명한 후시미 이나리 신사나 대나무 숲이 아름다운 아라시야마 등 매력적인 장소가 가득하다. 여러 절에서는 다양한 이끼가 자라는 정원을 만날 수 있다. 절로 향하는 길에 시냇가나 깊은 산에서 볼 수 있는 구슬이끼를 발견하고 무척 놀랐다. 히가시야마구에 있는 도후쿠지에는 1939년 시게모리 미레가 만든 정원이 있다. 동쪽으로는 북두칠성의 정원, 남쪽으로는 이끼로 덮은 오산을 나타내는 봉래신선사상의 정원, 서쪽으로는 철쭉과 모래로 만든 세덴이치마쓰정원, 북쪽으로는 작은 바둑판무늬의 혼보정원이 있다. 혼보정원은 마름돌과 솔이끼가 규칙적으로 배열되어 있어 매우 아름답다. 바둑판 모양은 북서쪽으로 갈수록 점점 돌의 수가 줄어들어 마침내 끝으로 가면 모래톱만 존재하고 마름돌은 보이지 않는다. 특히 비가 온 후 이끼의 녹색은 선명해지고, 물에 젖은 흰 마름돌은 더욱 강조되어 둘 사이의 대비가 한층 선명하다.

도후쿠지처럼 히가시야마구에 있는 센뉴지의 고자쇼 정원은 1884년 일왕 부부와 왕실의 친족들을 위한 휴식처로 만들어졌다. 툇마루에 앉아 연못이 있는 정원을 한눈에 볼 수 있고, 수많은 단풍나무와 철쭉, 한쪽에 펼쳐진 다양한 이끼가 만들어내는 그러데이션이 참으로 아름답다. 고다이지는 도요토미 히데요시와 관련이 있는 절이다. 절 안에는 고보리 엔슈가 만든 지천회유식 정원이 있다. 11개의 돌을 배치한 정원, 고게츠안 앞뜰, 가레산스이식 정원인 이호안 앞뜰, 운고안 앞 대나무 숲이 울창한 지쿠후테 등 다양한 정원을 볼 수 있다. 또, 가레산스이식 방장정원인 하신테는 모래 무늬(파문)와 흰 모래로 이루어져 있다. 봄에는 서쪽 모래톱에 심은 수양벚나무의 꽃이 피어 아름다운 색채를 더한다. 흰 모래 주변 모래톱에는 가는흰털이끼가 자라고 있다.

긴카쿠지의 이끼 정원. 나뭇잎 사이로 햇살이 비치는 정원의 완만한 비탈을 털깃털이끼와 솔이끼가 뒤덮고 있다.

조자코지의 계단. 구슬이끼와 너구리꼬리이끼로 뒤덮인 양쪽 경사면이 멋진 풍경을 이룬다. 가을이 되면 단풍의 붉은색과 이끼의 녹색이 대비를 이루어 한층 아름다운 공간이 된다.

난젠지의 뜰에는 움푹 패어 물이 고인 돌이 있다. 그 주변을 가득 메운 털깃털이끼를 보며 시간의 흐름을 느낀다. 털깃털이끼는 물을 싫어하지만, 물이 항상 고여 있지 않은 돌에서는 자랄 수 있다.

　사가노에 있는 노미야 신사는 남녀의 인연을 맺어주는 신을 모시는 신사로 여성들에게 인기가 있다. 본전 우측 안쪽으로 들어가면 이끼가 카펫처럼 깔려 있고, 그 안에 이끼가 낀 하얗고 작은 돌다리가 있다. 잎이 푸른 계절에도, 가을 단풍의 계절에도 멋진 장소다. 아라시야마의 대나무 숲을 빠져나와 만나는 오구라야마산 중턱에는 조자코지가 있다. 경사진 지형에 위치한 절 주변에는 200그루의 단풍나무가 심겨 있어서 가을이 되면 붉게 물든다. 정상 인근에는 중요 문화재인 다보탑이 있고, 주변에는 작은흰털이끼와 진달래과에 속하는 이와나시가 자란다. 이끼가 낀 돌계단을 오르면 정상까지 갈 수 있다. 계단 옆에는 구슬이끼와 너구리꼬리이끼를 비롯한 이끼들이 녹색의 바다를 이루고 햇살을 받은 잎끝은 반짝반짝 빛난다. 또 계절에 따라 주지 스님이 가꾸는 다양한 산야초도 볼 수 있다.

　인근에는 녹색 대나무 숲으로 둘러싸인 기오지가 있다. 절 안에는 단풍나무가 많고, 작은 시내가 흐른다. 시냇가에는 황록색의 너구리꼬리이끼가 넓게 자라고 있다. 회랑에서는 기오지에서 자라는 이끼에 대한 전시도 열린다. 회랑 끝에는 초가집이 있고, 주변에는 투명한 녹색의 아기들덩굴초롱이끼가 싱싱하게 자란다. 고요한 시간의 흐름 속에 여유롭게 이끼를 즐길 수 있다. 이처럼 교토에는 이끼를 관찰할 수 있는 매력적인 절이나 신사가 여러 곳 있다. 자기만의 특별한 장소를 찾아서 걸어보면 어떨까?

안라쿠지의 이끼 정원. 수많은 동백나무로 유명한 절이다. 이끼 정원도 아름답고, 동백꽃이 피는 시기에는 녹색의 카펫 위에 떨어진 동백과 이끼의 조화가 말을 잃을 정도로 아름답다.

오키나와

산호초가 융기해서 생겨난 섬으로 기온은 따뜻하고 시간은 여유롭게 흐른다. 길을 걷다보면 어디에서나 류큐 민요가 흘러나오는 곳이 바로 오키나와다. 해양 스포츠, 산호, 바다의 열대어로 유명하지만, 오키나와에는 얀바루의 숲도 있다. 오키나와는 남부와 북부의 생태계가 완전히 다르다. 남부에서는 이끼를 찾아보기 어렵다. 오키나와 남부는 장마 기간 외에는 공기가 건조하고, 지표면이 알칼리성인 석회암으로 되어 있기 때문이다. 하지만 지하수가 솟는 곳에서는 이끼가 예쁘게 자라기도 한다.

전국 명수 100선에 선정된 난조시의 일본 최남단 가키노하나히자에는 맑고 차가운 물이 흐르고, 주변 바위에는 많은 이끼를 볼 수 있다. 작은 주차장을 지나 수령 100년이 넘은 나무들이 우거진 숲을 10분 정도 걸으면 가키노하나히자에 도착한다. 넓게 펼쳐진 공간으로 나오면 작은 폭포에서 졸졸 흘러 떨어지는 물소리가 들려온다.

오키나와 북부에는 오키나와뜸부기나 이시카와개구리가 사는 얀바루의 숲이 있다. 얀바루는 오키나와 남부와는 달리 습도가 높고 안개가 자욱하다. 거대한 히카게헤고나 알로카시아 오도라가 자라는 숲이 꼭 정글처럼 느껴진다. 여러 갈래로 나뉜 숲길에는 이끼가 자라고 있다. 오키나와 고유종인 자바시라고케나 자바호오고케도 볼 수 있다. 오키나와 본섬에서 두 번째로 높은 해발 453.4m의 야에다케산에서는 1월 초순부터 꽃잎이 벌어지며 개화하는 류큐칸히자쿠라를 관찰할 수 있다.

가키노하나히자의 작은 폭포에서 자라는 이끼. 맑은 물 사이로 가끔 얼굴을 내민다.

야에다케산으로 가는 도중 발견한 바위 표면의 이끼. 삭에 빗방울이 맺혀 반짝반짝 빛난다.

오키나와 고유종인 자바시가라고케. 흰털이끼과에서 크기가 가장 크다. 물결치는 하얀 잎이 아름답다.

오키나와 고유종인 분홍색의 류큐칸히자쿠라. 간히자쿠라와는 다르게 꽃잎의 모양이 갈라져 벌어진다.

가루이자와

가루이자와는 나가노현과 군마현의 기타가루이자와 일대를 말한다. 해발 약 1,000m의 고원으로 여름에도 시원하고 수도권에서 가까워서 예로부터 인기 있는 피서지다. 가루이자와마치에서는 자전거를 빌려 일본잎갈나무 숲이나 구(舊) 가루이자와를 돌아보거나, 마을 상점가인 가루이자와 긴자 거리를 걸으며 구경하는 것도 흥미롭다. 가루이자와 주변에는 넓은 별장이 많다. 아사마야마의 분화로 생긴 용암석으로 쌓은 별장 돌담에는 아기들덩굴초롱이끼와 우단일엽이 자란다.

주변에 있는 일본너도밤나무와 소나무 숲에는 솔이끼가 녹색 카펫처럼 넓게 깔려 있고, 구름병아리난초나 이와카가미가 곳곳에서 자란다.

마을에서 차를 타고 조금만 이동하면 시라이토노타키가 나온다. 시라이토노타키 주변은 여름에도 안개와 냉기로 가득하다. 손이 곱을 만큼 차가운 눈석임물이 바위틈에서 졸졸 솟아나는 모습은 마치 몇 가닥의 흰 실이 흘러내리는 것처럼 섬세하고 아름답다. 폭포와 주변 바위에는 깨끗하고 차가운 물을 좋아하는 검정냇이끼나 가는물우산대이끼가 자란다. 또 폭포로 향하는 산책로에는 물이 똑똑 스미는 암벽이 있고, 가는물우산대이끼와 가는물봉황이끼의 초록빛이 암벽 한 면

구 가루이자와 별장지. 아사마야마의 용암을 이용한 돌담에 아기들덩굴초롱이끼, 우단일엽, 일엽초가 함께 자란다. 도로를 걸으며 여유롭게 관찰할 수 있다.

을 가득 채운다. 여름이 오면 주변에 피는 분홍색 물봉선과 노란 물봉선이 사람들의 눈을 즐겁게 한다. 시라이토노타키 주변에도 작은 산책로가 있어서 푸른 숨결을 느끼며 이끼를 만날 수 있다.

왼) 기타가루이자와로 이어지는 길 도중에 있는 시라이토노타키. 이곳에서 흐르는 물이 모여 못을 이룬다.
위) 폭포 주변 물이 흐르는 바위 표면에는 가는물우산대이끼가 빽빽이 자라고 있다.

기타야쓰가타케

다테시나고원 지대에서 이어지는 메르헨 가도를 차로 달리면 시라코마노이케가 나온다. 시라코마노이케는 해발 2,115m 높이에 있는 호수로, 비슷한 높이의 자연 호수 가운데 가장 크다. 주변에는 기타야쓰가타케의 아고산대에 있는 남일본솔송나무, 베이치전나무, 사스래나무, 마가목 등이 자란다. 숲에는 약 450종의 이끼가 살고 있으며, 야쓰가타케에서만 볼 수 있는 산얇은초롱이끼(초롱이끼의 일종)도 있어서 이끼의 성지로 불린다. 이끼에 관심이 있는 여성들에게 아주 인기 많은 장소다.

주차장에서 도보 15분이면 호수에 도착할 수 있지만, 이끼나 산야초를 관찰하고 사진을 찍다 보면 어느새 한 시간이 훌쩍 지나가 버릴 정도로 매력 넘치는 숲이다. 솔이끼로 가득한 곳에는 야생란의 일종인 개제비란이, 주변에 있는 바위에는 건조하면 검은색을 띠는 검정이끼가 자란다. 남일본솔송나무 주위에는 나무이끼보다 잔가지가 많으며 가늘고 섬세한 깃털나무이끼가 작은 야자나무 숲처럼 군락을 이루고 있고, 푸른 사과처럼 둥글고 반질반질한 포자낭이 있는 구슬이끼의 커다란 콜로니도 찾아볼 수 있다. 쓰러진 나무 밑동 아래 그늘에서는 잎에 털이 달린 좁은초롱이끼도 자란다. 이처럼 시라코마노이케로 가는 숲속에서는 다양한 이끼를 관찰할 수 있다.

호수 주변에는 진달래과에 속하는 등대꽃의 고목들이 가득하다. 초여름에는 오렌지색 줄무늬를 가진 종 모양의 꽃이 방울처럼 달린다. 10월 초에는 붉은빛으로 물든 잎들이 너무나 아름답다. 다양한 이끼와 고산 식물을 가까이에서 관찰할 수 있는 멋진 곳이다.

남일본솔송나무와 베이치전나무 숲에 비치는 석양. 이끼 숲도 날이 저물면 기온이 급강한다. 이끼는 밤 기온이 낮은 곳에서 잘 자라고 깨끗한 상태를 유지할 수 있다.

이끼 숲속에 있는 시라코마노이케. 잔잔한 수면은 짙은 녹색의 숲을 거울처럼 그대로 비춘다. 호수 주변에 핀 등대꽃은 귀여운 종 모양으로 꽃을 피운다.

노란화병이끼와 버섯이 함께 자란다.

잘린 나무 밑동에 자란 주름털깃털이끼. 온도가 높은 숲속에는 다양한 이끼가 자란다. 잎의 형태나 색, 삭의 모양으로 구분할 수 있다.

희귀종인 산얇은초롱이끼.

시마 온천

군마현을 대표하는 온천으로 잘 알려진 시마 온천. 수질이 알칼리성이라 강산성을 띠는 구사쓰 온천을 갔다 돌아오는 길에 들르면 좋다고 한다. 1,200년의 역사가 있는 시마 온천 거리는 레트로 스타일의 향수 어린 분위기를 물씬 풍긴다.

온천 옆에는 시마강을 막아 만든 오쿠시마 호수가 있다. 물이 아주 맑아 날씨가 갠 날 코발트블루로 빛나는 호수의 색을 '시마 블루'라고 부른다. 호수 둘레에는 4km 정도 되는 일방통행 도로가 있어서 차를 타고 돌아볼 수 있다. 도로 주변의 숲에는 선명한 오렌지빛의 동자꽃과 연보랏빛 종이 잔뜩 매달린 깃처럼 보이는 모시대, 귀여운 하드 모양의 잎과 예쁜 노란색 단풍이 지는 히로하가쓰라도 볼 수 있다. 도로변 바위틈으로 물이 스며 나오는 곳에는 가는물우산대이끼나 패랭이우산이끼가 자라고, 주위에는 극남노랑나비가 모여 물을 마시는 모습을 볼 수 있다. 시마 온천에서는 거꾸로여덟팔나비, 세줄나비, 왕나비 등 다양한 종류의 나비를 만날 수 있다.

오쿠시마 호수 둘레의 도로 경사면에는 바위에서 물이 똑똑 새어 나오는 곳이 있다. 물에 젖은 바위 표면에는 가는물우산대이끼가 자란다.

시마 온천 안쪽에 위치한 오쿠시마 호수. 독특한 호수의 색이 햇살에 따라 푸르게 물든다. 호수가 보여 주는 특별하고 아름다운 파란색을 시마 블루라고 부른다.

구사쓰 온천

구사쓰 온천은 군마현 북서부 해발 1,200m의 고원 지대에 위치하며, 아리마 온천, 게로 온천과 함께 일본의 3대 온천 중 하나로 손꼽인다. 온천 인기 순위에서 항상 상위를 차지한다. pH2.0의 강산성 온천으로 와타노유, 시라하타, 사이노카와라, 유바타케, 지조, 니카와, 반다이코, 이렇게 7개의 원천에서 1분마다 4,000L의 온천수가 솟아오른다. 물 온도 역시 45~95℃로 높아서 180cm나 되는 커다란 나무판으로 물을 저어 온도를 낮춘 후 입욕한다. 물을 넣어 온도를 낮추면 온천 수질이 옅어지기 때문에 전통 방식을 여전히 고집한다. 마을 중심에 있는 유바타케에서는 온천 성분이 침전된 유노하나를 채취하는데, 밤에 밝게 비치는 조명이 유바타케에서 솟아나는 수증기와 만나 환상적인 세상으로 변한다.

구사쓰 온천에서 시가고원 경로를 따라 이동하면 모토시라네산에 닿는다. 2,000m가 넘는 고산 지대까지 차로 바로 갈 수 있다. 1,500m 부근에는 솔이끼가 숲의 한 면을 뒤덮고 참기생꽃과 벌깨덩굴 같은 꽃들이 자라고 있다. 1,800m 부근에는 키가 작은 홍황철쭉이나 만병초, 수

모토시라네산의 2,000m 주변 바위에 자라는 된서리이끼. 건조한 상태에서는 하얀색을 띠어 예쁘다. 주위에는 미네자쿠라와 눈잣나무가 자란다.

철쭉이 나타나고, 발치에서는 소암경이라고 불리는 고이와카가미와 진달래과에 속하는 아카모노, 월귤과 같은 고산 식물을 만날 수 있다. 2,000m 부근에는 땅에 붙어 자라는 장미과의 미네자쿠라나 눈잣나무, 버드나무과에 속하는 미네야나기가 있고, 주변 바위틈에는 된서리이끼가 자란다. 된서리이끼는 건조한 상태에서 색이 하얗게 변해 마치 서리가 내린 것처럼 보인다. 한여름에도 시원해서 이끼를 관찰하기에 좋다.

구사쓰마치 옆에 있는 나카노조마치에는 자쓰보미고케가 광활하게 자라는 자쓰보미고케 공원이 있다. 자쓰보미고케는 산성을 띠는 온천에서 자라는 희귀한 이끼로, 나카노조마치에 일본 최대 규모의 군락을 형성한다. 5월에는 자쓰보미고케 주변에 오렌지색 홍철쭉이 만개하고, 초여름 길가에는 등골나무의 변종인 요쓰바히요도리가 가득 피어 왕나비의 휴식처가 된다. 또 가을에는 히로하가쓰라와 붉게 물든 참단풍, 뜰단풍, 또 자쓰보미고케의 초록색이 함께 어우러져 멋진 풍경을 만든다.

자쓰보미고케의 자생지, 아나지고쿠 왼쪽에 있는 낮은 언덕에서는 다양한 진달래과의 고산 식물을 관찰할 수 있다. 아카모노, 일본의 블루베리라고 불리는 스노키, 시로미, 그리고 미니리아재비과인 매발톱도 자생한다. 이곳에는 온천수와 더불어 못의 물도 흘러든다. 오른쪽 경로에서는 못의 물과 온천수가 섞이는 모습을 볼 수 있는데, 못의 물에는 아기들덩굴초롱이끼가, 온천수에는 자쓰보미고케가 자란다. 자쓰보미고케는 밝은 황록색이고, 아기들덩굴초롱이끼나 꼬리이끼는 짙은 녹색을 띠기 때문에 색의 차이만으로도 바로 구별할 수 있다.

삭과 길이가 긴 삭병이 달린 솔이끼. 높은 해발의 숲에서 주로 볼 수 있다. 짙은 녹색을 띠는 뻣뻣한 침형의 잎이 방사형으로 달린다. 새로 나는 잎은 밝은 황록색을 띤다.

가는잎물이끼가 모노누구 연못의 나무다리 주변을 가득 채우고 있다. 가는잎물이끼 사이에는 들쭉나무와 주걱끈끈이수석 등이 산다.

나카노조마치에 위치한 자쓰보미고케 공원의 자쓰보미고케. 유황 성분이 있는 온천물에서 자란다. 맑은 녹색의 작은 잎이 모여 콜로니를 이룬다.

하코네 외륜산

하코네 외륜산은 하코네 주위를 둘러싸고 있는 산들을 말하며 야구라다케, 묘진가타케, 아시가라야마가 여기에 속한다. 그중 묘진가타케에 있는 절, 다이유잔 사이조지는 일본 전설에 등장하는 요괴 덴구와 관련된 전설로도 유명하다. 다이유잔 사이조지까지 이어지는 산길에는 600년의 역사가 느껴지는 굵은 삼나무들이 늘어서 있고, 삼나무 표면에는 가는흰털이끼와 아기초롱이끼가 자란다. 절 내부로 들어서면 울창한 나무 숲에 둘러싸여 그윽한 정취를 느낄 수 있는 공간이 펼쳐진다. 다이유잔 사이조지의 창건에 공헌한 승려 도료는 절을 영원히 지키기 위해 덴구로 변신해 하늘 높이 날아올라 산속 깊숙이 몸을 감췄다고 한다. 사람들은 그를 도료손이라고 부르며 친근하게 여겼다. 경내에는 덴구 조각상과 덴구가 신는다는 커다란 게타가 여기저기 장식되어 있다. 참배길을 지나 오른쪽으로 마음을 정갈하게 닦는다는 뜻을 지닌 센신노타키가 보인다. 센신노타키 폭포 주변 바위에서 콜로니를 이루며 자라는 아기들덩굴초롱이끼와 뱀톱의 모습은 마치 이끼 테라리움을 보는 듯하

하코네 외륜산에 있는 다이유잔 사이조지 경내는 키가 큰 삼나무로 둘러싸여 습도가 항상 높다. 돌로 된 난간에는 털깃털이끼가 자리하고 있다. 진달래 가지에는 오름끈이끼가 자란다. 아기들덩굴초롱이끼로 뒤덮인 바위도 볼 수 있다.

경내 나무 사이로 햇살이 드는 곳에 바위취가 자란다. 초여름에는 희고 가녀린 꽃이 가득 핀다.

다. 다이유잔 사이조지에서는 곤고스이도 주변 진달래 나뭇가지에 둘둘 감겨 자란다는 오름끈이끼가 가장 보고 싶었다. 언뜻 보기에는 녹색으로 된 거미집처럼 보이지만, 누운끈이끼과에 속하는 이끼다. 도감에는 실려 있지만 볼 수 있는 기회가 거의 없었다.

위) 긴토키산에서 이어지는 길에 있는 유히노타키. 자유롭게 들어갈 수 있는 폭포로 인기가 있다. 폭포 주변 바위에 물보라가 튀어 여름에도 이끼가 살기 좋은 환경을 조성한다.
왼) 물방울이 맺힌 털깃털이끼의 삭.

오름끈이끼를 관찰한 후 350개의 계단을 올라 본존이 모셔져 있는 오쿠노인으로 향한다. 꼭대기에는 묘진가타케로 이어지는 산길이 있다. 산길 여기저기 족두리풀과 용담이 피어 있다. 또 11월 중순이 되면 경내에 있는 수많은 단풍나무가 절을 온통 붉은색으로 물들인다. 푸른 이끼와 조화를 이루는 붉은 단풍을 보며 아름다움을 만끽할 수 있다. 물론 단풍 시즌이 아니더라도 상쾌한 녹색 숲 사이로 이끼와 함께 하는 산책은 상쾌하다.

다이유잔 사이조지와 비슷한 높이에 있는 유히노타키는 필자가 발견한 노루귀 아시가라스하마소의 자생지인 야구라다케 인근에 있다. 해발 약 450m의 지점에 있는 이 폭포는 낙차가 23m, 폭이 5m로 나무에 둘러싸여 있다. 폭포수를 맞으며 수행하는 장소로 유명하며, 곁에 몸을 정화한다는 소금을 쌓아 둔 채 흰옷 차림으로 폭포로 뛰어드는 사람을 볼 수도 있다. 유히노타키 주변에는 일본 옛날이야기에 등장하는 실존 인물 긴타로의 생가가 있는데, 그가 태어났을 때 바로 이 유히노타키 물로 아기를 목욕시켰다고 한다.

주차장에서 폭포로 오르는 길에는 구슬이끼와 가는흰털이끼, 작은흰털이끼가 자란다. 초여름에는 산나리와 우바유리가 피어 좋은 향기를 풍긴다. 폭포로 이어지는 길 주변의 못에서는 패랭이우산이끼와 곧은나무이끼도 볼 수 있다. 그 주위에는 괭이눈의 일종으로 일본 고유종인 요고레네코노메나 홍노도라지 등 다양한 산야초도 자생해 계절과 관계없이 즐길 수 있다. 폭포 옆 산길에서는 아기들덩굴초롱이끼, 깃털이끼, 거울이끼, 사자이끼 등 여러 종의 이끼를 볼 수 있다.

영국

영국은 일본보다 경도가 높고, 또 1년 내내 안개와 비로 흐린 날이 많아 이끼나 식물이 살기에 좋은 환경이다. 그래서인지 영국 각지에서는 다양한 이끼를 볼 수 있다. 특히 영국 북부의 레이크 디스트릭트는 호수가 많은 지역으로, 호수 주변 산이나 못에서 풍부한 자연 경관을 즐길 수 있다. 일본에서도 인기 있는 피터 래빗의 작가

광활한 목초지에 수많은 양이 방목되고 있다. 부지를 둘러싼 석회석 돌담 표면에는 다양한 이끼와 양치식물이 자란다. 이끼를 관찰하다 갑자기 꿩이 나타나 놀라기도 했다.

베아트릭스 포터도 이 레이크 디스트릭트의 풍경에 매료되어 이주했다고 한다. 베아트릭스는 호수 지방의 전통적인 농장 힐탑에 거주했다. 힐탑이 있는 윈더미어 호수 서쪽 해안의 작은 마을 니어 사우리에는 피터 래빗의 삽화에 나오는 풍경이 곳곳에 펼쳐진다. 레이크 디스트릭트 일대는 자연환경과 문화유산 보호 활동을 하는 민간단체 내셔널 트러스트가 관리하기 때문에 자연 그대로 유지될 수 있었다.

또 코니스턴 호수 주변에는 웅장한 브랜트우드 저택이 있다. 1871년 미술 평론가이자 사상가인 존 러스킨은 저택을 구입한 후 100만m^2(약 30만 평)가 넘는 부지에 나무를 심고 못을 만들어 마치 자연림처럼 정원을 꾸몄다. 석판을 겹쳐 만든 의자인 러스킨스 체어 역시 브랜트우드 저택의 정원 안에 있다. 돌의 표면을 뒤덮은 녹색의 이끼들이 아름답다. 또 정원에는 수많은 철쭉과 양치식물이 자라고 있다. 습도가 높아 여러 곳에서 이끼가 자란다.

레이크 디스트릭트는 호수가 많은 것으로 유명하지만, 주변에 있는 낮은 언덕처럼 생긴 산 또한

오른) 곳곳에 석회석이 노출되어 있고, 표면에 시노부고케의 일종인 이끼가 소담스럽게 자라고 있다.
가운데) 석회석에는 사과를 닮은 삭 모양으로 애플모스라고 불리는 구슬이끼와 무성아봇이끼가 자란다.
왼) 작은 시내가 흐르는 잡목림. 봄이 되면 아네모네와 잉글리시블루벨 꽃이 핀다.

귀여운 이끼 콜로니가 여기저기 형성되어 있다. 작은 콜로니들이 이어져서 커다란 군락을 이룬다.

매력적이다. 그중 하나가 바로 뉴비 브리지의 숲이다. 숲속 길은 이끼를 관찰하며 걷기에 최적이다. 땅으로 뻗어 있는 커다란 참나무 뿌리 표면에는 이끼가 빽빽하다. 독특한 모양의 이끼를 천천히 관찰하며 산림욕을 하는 것도 즐겁다.

레이크 디스트릭트 인근에는 실버데일이라는 작은 변화가가 있다. 실버데일에는 멋진 교회를 볼 수 있고, 석회석 언덕에서는 아름다운 해안선의 석양을 즐길 수 있다. 또 석회석 돌담으로 둘러싸인 양 목장도 여러 곳에 있다. 목장의 돌담에는 다양한 종류의 이끼와 다육식물, 양치식물이 자란다. 또 자연보호 지역에서는 잉글리시블루벨, 산달래, 프리뮬러, 나팔수선화 등을 볼 수 있다.

위) 양치식물과 함께 이끼가 자란다. 하루에도 여러 번 비가 내리거나 안개가 끼기 때문에 습도가 높고 시원하다. 이끼나 양치식물에 적합한 환경으로 성장이 빠르다.
아래) 큰깃털이끼의 일종인 크리스마스모스가 레이스처럼 아름답다. 서로 겹쳐져서 성장한다.

유럽의 이끼

유럽 영국이나 이탈리아에는 일본의 이끼와는 다른 이끼가 다양하게 자란다. 석회암 바위 위, 잎이 떨어져 퇴적한 곳에 이끼가 자란다. 그중에는 마른 가지에 들러붙어 자라서 마치 크리스마스트리처럼 보이는 이끼도 있다. 영국은 하루에도 여러 번 비나 안개, 안개비가 내리기 때문에 습도가 항상 높아서 이끼가 자라기에 좋은 환경이다. 또 여름철에도 기온이 그다지 높아지지 않아서 식물이 계속 성장하니 크기 또한 커진다. 이끼의 형태도 다양해 새의 날개처럼 생긴 장백양털이끼와 일본에서도 인기 있는 구슬이끼, 작은 나무처럼 생긴 수풀이끼 등, 재미있고 귀여운 이끼들로 가득하다. 유럽 사람들은 숲속 이끼 카펫에 누워 힘을 얻기도 하고, 숲과 이끼의 향을 이용한 자연치료 요법도 즐겨 사용한다. 일본의 이끼 정원에서 그렇게 행동한다면 다들 난리를 칠 것이다. 이끼는 눈으로 보고 만지지는 않는 것, 이끼를 대하는 일본 사람들의 사고방식은 너무 딱딱하다.

언젠가 유럽처럼 온몸으로 이끼를 즐길 수 있는 멋진 이끼 정원이 일본에도 생겼으면 좋겠다.

슬로베니아 공화국

슬로베니아 공화국은 남쪽으로 크로아티아, 서쪽으로 이탈리아, 북쪽으로 오스트리아, 동쪽으로는 헝가리와 국경을 접하고 있다. 율리안 알프스산맥이 우뚝 솟아 있는 북서부에는 블레드 호수가 있다. 물이 워낙 깨끗해서 호수에 사는 송어의 모습이 들여다보일 정도로 맑다. 호숫가에는 유럽피나무가 자라고, 호숫가 휴양지답게 시간이 여유롭게 흐른다.

호수 안에는 블레드섬이 있다. 슬로베니아의 전통적인 나룻배인 플레트나를 타고 섬에 들어가면 작고 하얀 벽으로 된 성모 마리아 승천 성당을 만날 수 있다. 이 성당에서는 결혼식을 올리기 전 신랑이 신부를 안고 99개의 계단을 오르는 전통이 있다고 한다. 인근에는 스키 점프 세계선수권 대회장이 있고, 대회장 주변에는 스키

위) 주름솔이끼의 일종. 다른 이끼 속에 콜로니를 이루었다. 잎이 무작위로 꼬여 있는 모습이 귀여움을 더한다.

오른) 물가낫깃털이끼의 일종으로 젖은 바위 표면에 넓게 퍼지듯 자란다. 슬로베니아의 이끼는 크기가 작은 종류가 많다.

장이 여러 곳 있다. 스키 점프 세계선수권 대회장 주변 숲에는 다프네 메제레움과 노루귀, 크리스마스로즈의 원종인 헬레보루스가 이끼에 파묻혀서 자란다. 습도가 매우 높은 지역이라서 석회암 바위 표면에도 이끼가 낀다. 슬로베니아 공화국은 다양한 요리가 풍부하기로 유명하다. 송어 튀김이나 포크커틀릿 스타일의 큼직한 돼지고기 튀김, 일본에서는 좀처럼 맛볼 수 없는 입안 가득 자연이 느껴지는 산양 수프와 야생미 넘치는 곰 토마토 스튜가 별미다. 특별한 요리를 마음껏 즐긴 후에는 해발 2,800m의 알프스가 이어지는 북이탈리아를 찾아도 좋을 것이다.

풀이끼 사이에 핀 노빌리스 노루귀(노루귀의 일종). 푸른 보라빛 꽃이 대부분이지만, 흰색에 가까운 꽃도 때때로 볼 수 있다.

이탈리아

이탈리아 토스카나 지방의 중심 도시이며 과거 이탈리아 왕국의 수도였던 피렌체. 피렌체라는 도시명은 꽃의 여신 플로라와 연관되어 꽃 피는 곳이라는 뜻을 가진 플로렌티아라는 단어에서 유래했다. 꽃의 도시, 르네상스의 고향으로 도시 전체에 미술관처럼 아름다운 거리

가 이어지고, 매력적인 건축물이 넘쳐난다. 두오모라는 이름으로 유명한 산타 마리아 델 피오레 대성당은 세계 최대의 석조 건축물이다. 성당 옆에는 세계에서 가장 오래된 약국인 산타 마리아 노벨라가 있다. 약국 안에 들어서면 약이 든 서랍이 가득하고, 주문하면 그곳에서 꺼내 준다. 약 이외에도 비누나 화장품도 판매한다. 또 일본 교토의 오래된 향 가게 쇼에이도에서 한정 판매하는 선향도 만날 수 있다.

토스카나 지방에는 세계 유산으로 선정된 피사의 사탑도 있다. 보수공사로 탑의 기울기가 조금 개선되었다고 한다. 눈으로 보기에는 여전히 상당히 기울어져 있지만, 꼭대기까지 올라가 주변 경치를 둘러볼 수 있다. 슬로베니아 공화국에서 출발해서 알프스를 관통하는 구불구불한 터널을 빠져나와 국경을 넘으면 바로 토스카나 지방이다. 국경을 넘을 때는 EU 가맹국을 위한 여권을 보여주지 않아도 통과할 수 있다. 국경을 넘으면 주변에 석회암 지대가 펼쳐진다. 석회암 주변에는 수풀이끼의 일종인 큰겉굵은이끼와 함께 노루귀나 프리뮬러, 에리카가 자라고 있어 마치 암석정원을 보는 것 같다. 해발이 조금 낮은 곳의 바위 위에는 구슬이끼가 콜로니를 이루며 자란다.

위) 큰겉굵은이끼 사이에 핀 노빌리스 노루귀(노루귀의 일종). 가련하게 핀 푸른 보라색 꽃이 아름답다.
가운데) 둥근 바위에 자란 아기선주름이끼의 일종.
아래) 높은 습도로 인해 작은 가지에도 이끼가 자란다.

C O L U M N
===

이끼에도 단풍이 들까?

가을에는 단풍이 든 식물들이 야산을 화려하게 장식한다. 단풍나무나 벚나무는 붉은색으로, 은행나무는 선명한 노란색으로 물들어 사람들의 눈을 즐겁게 한다.

나무이끼

이끼 역시 식물의 일종이다. 이끼는 종류에 따라 갖가지 색으로 단풍이 든다. 도심에서 자라는 은이끼나 우산이끼는 색이 별로 변하지 않지만, 교외에 있는 산이나 고산 지대에서 자라는 이끼는 종류에 따라 선명하게 색이 바뀐다.

평소에 녹색인 깃털이끼는 밝은 황금색으로, 양지에서 황록색, 음지에서 밝은 녹색을 띠는 털깃털이끼도 황금색으로 변한다. 연녹색의 가는물우산대이끼는 적갈색으로, 진녹색의 큰꽃송이이끼는 황록색이 된다. 그리고 이끼의 왕 나무이끼는 옅은 황록색에서 세 가지 색으로 물든다. 잎의 끝부터 녹색, 황색, 오렌지색으로 그러데이션 된 모습이 아주 아름답다.

털깃털이끼

단풍이 든 이끼는 낙엽 속에 묻혀 있어서 찾기가 어려울 수도 있다. 단풍이 들기 전 미리 이끼가 사는 장소를 파악해두면 가을에 단풍이 든 이끼를 찾을 때 도움이 된다.

다른 지역보다 일찍 단풍을 만날 수 있는 고산에서는 하얀 털깃털이끼, 붉게 물든 고이와카가미, 샛노란 타조이끼를 함께 관찰할 수 있다. 월귤의 새빨간 열매도 함께 즐길 수 있다.

가을의 고산 지대는 맑게 개어 있어도 눈이 날리는 경우가 있다. 따뜻한 복장을 갖추고 이끼를 관찰하자.

가을밤 사이 기온이 영하로 떨어지면 이끼의 색은 변하기 시작하고 단풍이 든다.

깃털이끼

맑은 날에 관찰하면 좀 더 선명한 색을 볼 수 있다. 이끼 테라리움을 실내에 둔 경우에는 바깥 날씨와는 상관없이 녹색을 유지한다. 개방형 이끼 테라리움을 실외에 두고 건조한 추위를 맞게 되면 단풍이 든다.

이끼 역시 단풍이 든다는 사실은 잘 알려지지 않았다. 가을철 단풍 구경을 하러 갈 때는 이끼의 단풍도 함께 관찰하자.

Part
5

이끼에 관해 배우기

이끼에 대해 알아보기

• **이끼의 특징과 구조**

신록의 계절, 숲 바닥을 빽빽하게 채운 이끼 카펫에서 산림욕을 즐기며 상쾌한 바람을 맞으면 몸 전체가 초록으로 물들고 마음도 편안해진다. 이끼 테라리움은 자연을 느끼게 해준다. 방 안에 녹색 이끼로 만든 테라리움이 있으면 눈도 편안해지고, 마음도 가라앉는다. 이끼는 항상 녹색으로 일 년 내내 푸르름을 유지한다.

이끼란 과연 어떤 식물일까? 이끼는 전 세계적으로 약 2만여 종이 넘고, 그중 일본에는 약 1,700종이 존재한다고 한다. 아직 종이 분류되지 않은 것까지 포함하면 훨씬 더 많은 종류의 이끼가 지구상에 자생하고 있을 것이다. 극한의 땅에서 열대 적도 밑, 풀도 자라지 않는 고산에서 도시의 아스팔트 위, 또 물속을 포함한 온갖 장소에서 이끼는 자란다.

이끼는 어떻게 이처럼 다양한 종이 여러 곳에서 자생할 수 있었을까?

이끼의 구조에 바로 그 비밀이 숨겨져 있다. 이끼는 물에서 육지로 정착한 최초의 식물이다. 물속에서는 물 걱정 없이 필요하면 언제든지 몸의 표면으로 물을 빨아들일 수 있다. 뿌리에서 흡수한 물을 운반하는 관다발도, 물의 증발 막기 위한 큐티클층도 필요 없다. 그 상태 그대로 육상에서 생활하기 시작한 것이 바로 이끼다. 그래서 이끼에는 물을 흡수하는 뿌리도, 물이나 영양을 공급해 몸을 지탱하는 관다발도 없고 큐티클층도 발달하지 않았다.

육지에 올라온 후에도 물속에 있을 때처럼 헛뿌리를 이용해 흙이나 돌에 달라붙은 채, 비로 수분과 공기 속 미량의 영양분을 온몸으로 받아들이며 광합성을 한다. 비가 내리지 않아 건조해지면 휴면 상태에 들어가 다시 비가 올 때까지 견디는 이끼의 생태는 너무나 흥미롭다.

이렇게 환경에 거스르지 않는 유연한 태도와 단순한 구조 덕분에 이끼는 어떤 환경에도 적응하며 왕성하게 자랄 수 있었다.

• **이끼의 종류**

이끼는 크게 세 가지로 분류된다. 솔이끼류(선류식물문), 우산이끼류(태류식물문), 뿔이끼류(각태류식물문)는 각각 독립한 분류군으로 취급한다. 이 세 가지 분류군을 총칭해 이끼 식물이라고 부르는데, 유전자 분석 결과 분류학적으로 단일하지 않은 측계통군이라는 사실이 밝혀졌다.

일본에는 솔이끼류(선류)의 수가 가장 많아 지금까지 약 1,100종이 알려졌다. 줄기와 잎의 구별이 명확한 경엽체이며 생김새에 따라 직립성 이끼와 포복성 이끼로 나눌 수 있다. 포복성 이끼의 가지는 줄기보다 짧고 바닥에 붙어 자라거나, 비스듬히 위를 향해 자란다. 바닥에 붙어 자랄 때는 전체적으로 납작하게 가지를 뻗는다. 잎에는 1~2개의 잎맥이 있고, 잎은 단세포층이지만 잎맥 부분은 다세포층으로 되어 있다. 헛뿌리는 다세포다. 장란기와 장정기는 포엽이 보호한다. 직립성 이끼에서는 줄기 끝에 하나의 포자체가 자라고, 포복성 이끼에서는 줄기 중간에 여러 개의 포

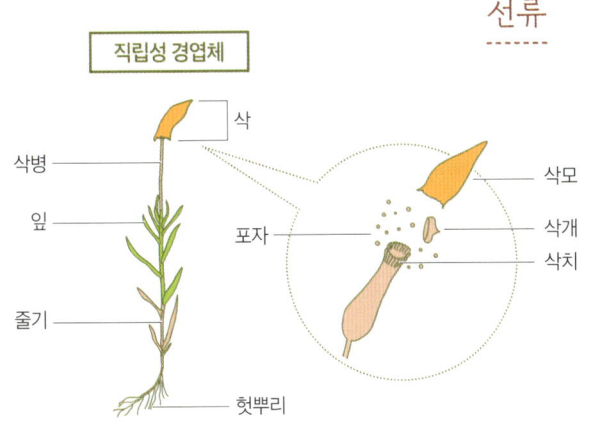

자체가 자란다. 포자체는 삭, 삭병으로 이루어졌으며, 삭이 성숙하면 앞에 있던 삭개가 드러나고 습도에 따라 삭치가 여닫는 운동을 반복하며 오랫동안 포자를 방출한다. 포자에 의한 번식 외에 무성아에 의한 무성 생식이나 줄기와 잎 일부가 떨어져 재생 번식하기도 한다.

솔이끼류 다음으로 많은 것은 우산이끼류(태류)로 일본에는 약 620종이 있다. 태류는 경엽체인 망울이끼목, 잎과 줄기의 구별이 없는 엽상체로 조직이 분화하지 않은 리본이끼목, 엽상체이면서 조직이 분화한 우산이끼목으로 분류된다. 세포 안에 유체라는 기름 덩어리가 있고 헛뿌리는 단세포로 되어 있다. 엽상체 잎 뒷면에는 점액모나 비늘이 있다. 경엽체의 잎은 2열의 측엽과 1열의 복엽이 줄기에서 자란다(복엽이 없는 종류도 있다). 삭, 삭병으로 이루어진 포자체는 성숙하면 삭의 끝부분이 4개로 갈라지며 탄사가 포자를 멀리 날려 보낸 후 말라 죽는다.

마지막으로 뿔이끼류(각태류)는 일본에 약 20종이 존재한다. 소의 뿔처럼 뾰족하게 생긴 삭의 모양에서 뿔이끼라는 이름이 유래되었다. 잎은 엽상체로 우산이끼와 비슷하게 생겼지만, 잎의 뒷면에 비늘이 없다. 헛뿌리는 단세포로 되어 있다. 몸에는 남세균과 공생하기 위한 공간이 있으며, 공생할 때는 청록색으로 보인다. 뿔 모양을 한 삭의 중심에는 축주가 있고, 성숙하면 끝이 2개로 갈라지며 탄사가 포자를 날려 보낸다. 뿔이끼류에는 남세균의 특징인 피레노이드나 관다발식물의 포자체에서 볼 수 있는 분열 조직이 있어서 선태류와 완전히 다르다.

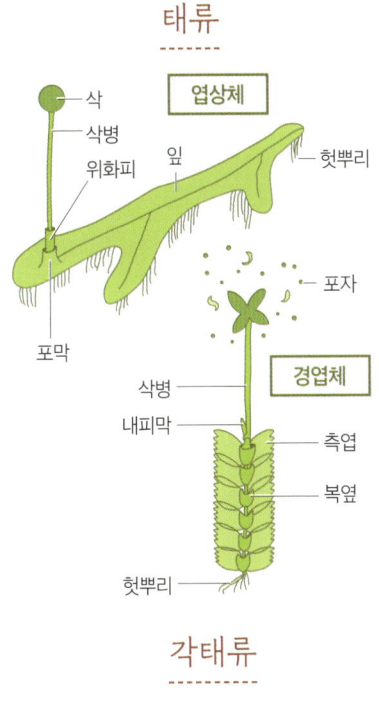
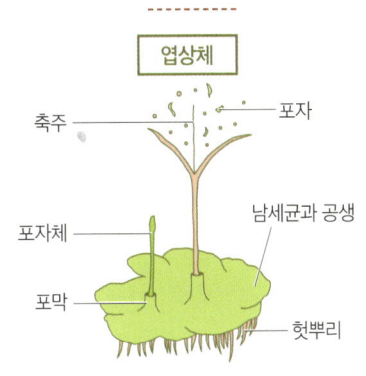

• 이끼의 일생

예로부터 이끼는 신사나 절의 정원, 또 이끼볼과 분재 등에 이용되며 부족하거나 고독한 가운데 마음의 충만함을 찾아내는 일본 특유의 미의식인 와비사비의 세계에 꼭 필요한 존재였다.

평소에 별생각 없이 지나던 길이라도 신경 써서 주의를 둘러보면 발길 닿는 곳마다 이끼를 만날 수 있다.

이끼는 우리가 알지 못하는 사이 곳곳에서 자란다. 심지도 않았는데 정원 한쪽 구석이나 화분 속에 다른 식물과 함께 사이좋게 지내고 있다. 귀여운 포자체가 고개를 쏙 내밀고 있기도 하다.

이끼의 일생은 과연 어떤 모습일까?

솔이끼류(선류)에 속하는 향나무솔이끼를 예로 들어 간단한 그림을 그려보았다.

우선 포자가 발아해 세포 분열을 반복하면서 녹색 실 모양의 원사체를 형성한다. 원사체는 성장하며 가지가 갈라지고 경엽체의 싹을 여러 개 틔운다. 이런 식으로 하나의 포자에서 다수의 경엽체가 만들어진다.

배우체는 경엽체와 원사체에서 형성된다. 성장한 배우체는 줄기 위에 장정기와 장란기를 만든다. 하나의 배우체에 장정기와 장란기가 함께 있으면 암수한그루, 각각의 배우체에 장정기와 장란기가 따로 있으면 암수딴그루라고 한다. 배우체 위쪽에 있는 장정기에서 정자를 만든다. 막에 싸인 정자 세포가 비와 같은 물의 힘을 빌려 장란기에 도달한다. 정자는 물속을 이동해 난세포와 수정한다. 수정란은 배(胚)가 되고, 장란기에서 분열을 거듭하며 포자체로 성장한다.

성장한 포자체의 끝부분은 점점 부풀어 올라 삭이 달린 이끼의 형태를 띤다. 포자체가 성장하면 주머니 모양이 터지고 갈라지며, 윗부분은 삭모가 되어 삭을 보호한다. 삭 속에서 감수분열을 하며 포자를 만든다.

삭이 성숙하면 끝에 있는 삭모가 벗겨지고, 삭개가 떨어져 나간다. 삭개가 떨어져 나간 후 습도에 따라 삭치를 여닫으며 오랫동안 포자를 날려 보낸다. 포자는 건조에 강하고 가벼워서 멀리 날아갈 수 있다. 땅에 떨어진 포자는 또다시 새로운 일생을 시작한다. 이끼의 포자체는 배우체 위에 공생하며 일생을 마치게 된다.

이런 방식 외에 이끼는 본체의 일부분이 떨어져 나오는 무성아로도 증식된다. 무성아에서 원사체가 자란 후 성장해 경엽체가 되는 경우와 무성아에서 바로 경엽체가 자라는 경우가 있다. 경엽체가 만들어지고 배우체가 되면 앞에서 이야기한 이끼의 일생이 반복된다.

또 줄기나 잎 등 이끼의 일부가 떨어져서 새로운 경엽체를 만들어내기도 한다. 이끼를 잘게 다진 후 파종하는 방법으로 이끼를 증식할 수도 있다.

얕은 트레이에 수분을 유지하기 위한 부직포나 피트모스, 또는 적옥토를 깐다. 그 위에 잘게 자른 이끼를 뿌리고 차광막을 덮어놓으면 1~2년 후에는 이끼가 자라 트레이를 가득 채운다.

이끼는 이처럼 다양한 방법으로 증식된다. 자기에게 맞는 환경이라면 어디에서나 번식하고, 오랜 세월을 거쳐 다양한 종이 여러 곳에 적응할 수 있도록 진화를 거듭했다. 이 또한 어떠한 일에도 거스르지 않는 유연한 이끼의 생명력이라고 말할 수 있을 것이다.

이끼의 일생

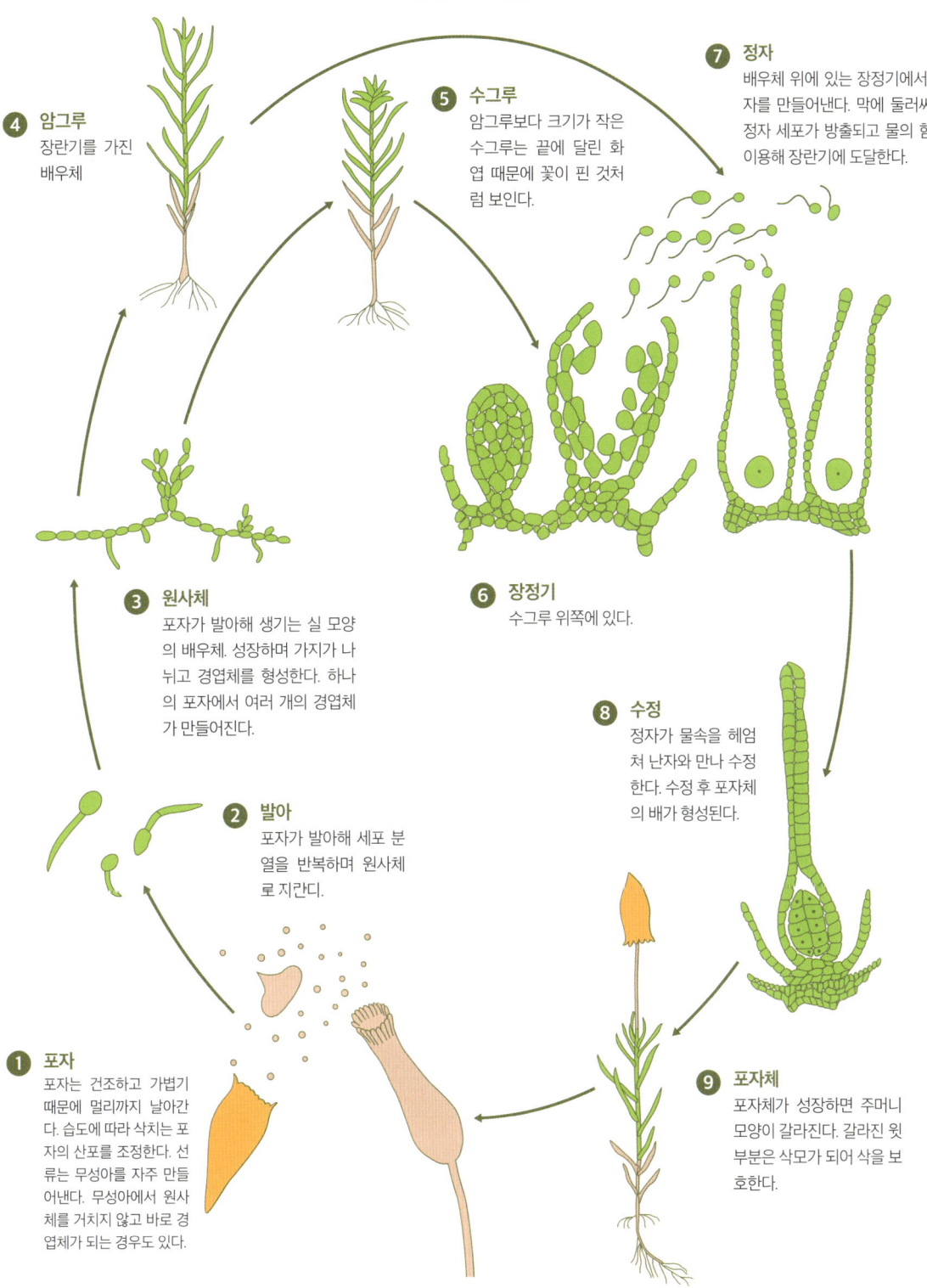

Part 5 이끼에 관해 배우기

계절에 따른 이끼 관리 방법

 **봄**

실외에 놓아둔 이끼 테라리움이나 이끼 정원의 색이 갈색에서 점점 밝은 녹색으로 바뀌며 다시 살아나기 시작한다. 실내 밝은 곳에서 키우는 이끼 테라리움은 일정한 기온 덕에 항상 녹색을 유지한다. 추위를 겪지 않은 이끼는 갈색으로 변하지 않는다. 봄은 새싹이 나오는 계절이기도 하다. 또 종류에 따라서는 삭이 나오는 이끼도 있다. 귀여운 둥근 모양으로 인기가 있는 구슬이끼나 문지르면 감귤류의 향기가 나는 패랭이우산이끼는 초봄에 심는다. 봄 날씨는 기온 차가 크고, 의외로 건조하다. 실외에 놓아둔 이끼 테라리움의 이끼가 하루 만에 바싹 마르는 경우도 있다. 그럴 때는 물을 듬뿍 주고 상태를 지켜보자. 잎이 다시 초록빛으로 변하고 원래 지닌 예쁜 모습을 되찾을 것이다.

또 봄이 되면 나무이끼를 심은 땅속에서는 아스파라거스처럼 생긴 새싹이 나온다. 시간이 좀 더 지나면 녹색의 작은 잎이 막대 불꽃처럼 퍼지며 자란다. 이른 봄에 피는 꽃으로 디저트 잔이나 유리잔에 꽂아 장식하거나 이끼볼을 만들 때는 청초하고 아름다운 노루귀를 활용하자. 가능하면 꽃봉오리가 나오기 전에 만들 것을 추천한다. 꽃이 피었다면 심을 때 뿌리가 마르지 않도록 주의한다.

 여름

이끼는 장마가 끝나는 시기에 가장 왕성하게 성장한다.

그러나 고온다습해지면 실외의 이끼 정원이나 접시에 만든 이끼 테라리움은 뭉그러지거나 손상되기 쉽다. 특히 꼬리이끼나 모래이끼는 누렇게 말라버린다. 또 가는흰털이끼나 털깃털이끼에는 곰팡이의 일종인 리조푸스가 발생하기도 한다. 손상된 이끼를 발견하면 그 부위를 넓게 잘라낸다. 밀폐형 테라리움의 경우에는 유리병 안에 이끼를 부패시키는 박테리아가 증식해 이끼가 상하는 경우도 있다. 손상된 부위가 잎끝이면 가위로 조금 넓은 부위를 잘라낸다.

또 이끼의 줄기가 상한 경우에는 손상된 부분을 잘라내고, 소독용 에탄올을 면봉에 묻혀 손상 부위에 바른다. 이때 녹색의 잎에는 닿지 않도록 주의한다.

장마가 지나고, 한여름이 되면 고온이 이어진다. 건조한 상태에서는 괜찮지만 습한 상태에서 온도가 높아지면 이끼가 쉽게 뭉그러진다. 이끼 정원에는 물을 뿌려 온도를 낮춘다. 또 밀폐형 이끼 테라리움은 냉방이 되는 방에서 키우거나 더운 시기만이라도 뚜껑을 닫은 채 냉장고에 넣었다가 시원해지면 다시 꺼낸다. 개방형 이끼 테라리움을 냉방이 되는 방에서 키우면 에어컨의 제습 기능으로 인해 쉽게 건조해진다. 밤에 1회 분무기로 물을 주자.

# 가을

이끼가 힘들어하는 더위가 약해지는 계절이다. 그러나 아직 방심하기는 이르다. 때로는 여름으로 돌아간 것처럼 온도가 높아지기 때문이다. 이끼 정원이나 실외에 있는 이끼 테라리움은 온도가 높아지면 건조하기 쉽다. 그런 날에는 저녁 무렵 물을 충분히 준다.

밀폐형 이끼 테라리움의 경우 새싹이 돋아 유리병 내부가 지저분해 보인다면 뚜껑을 열고 이끼를 가위로 조금 잘라준다. 날씨가 시원해지면 이끼는 새싹을 내밀며 증식한다. 이끼가 번식하기 제일 좋은 계절은 봄과 가을이다. 재배하기 쉬운 계절이기도 하다. 가을에는 이끼를 작게 잘라 적옥토를 깐 트레이 위에 뿌려 증식할 수도 있다.

가을이 끝나갈 무렵, 이끼도 종류에 따라 단풍이 든다. 이끼의 단풍을 즐기는 것도 근사한 일이다.

또 가을부터 겨울까지는 이끼의 다양한 변신을 시도해볼 수 있는 시기다. 봄에 핀 산야초 모종을 함께 심을 때는 잎이 떨어진 모종을 사용하면 쉽게 심을 수 있다. 모종을 심을 때는 뿌리에 붙어 있는 기존의 흙을 털어내고 심어도 괜찮다. 유리잔 같은 용기에 경질 적옥토(소립)를 담은 후 크로커스나 무스카리, 갈란투스, 수선화 같은 구근을 심고, 싹이 나올 자리에는 자갈을, 주위에는 이끼를 심은 후 봄을 기다리자.

겨울

태평양 연안을 비롯해 눈이 그다지 내리지 않는 지역은 겨울에도 건조하다. 이끼는 추위에 강해서 얼어도 손상되지 않지만, 차갑고 건조한 바람에는 약해서 이끼의 고운 녹색 잎이 갈색으로 변한다. 종류에 따라서는 물이끼처럼 겨울눈을 만들고 적갈색으로 변하는 이끼도 있다. 날씨가 너무 건조하면 실외에 놓아둔 이끼 테라리움은 스티로폼 상자에 넣고 뚜껑을 덮어 겨울을 난다.

온도의 변화가 크지 않은 실내 테라리움은 이끼의 색이 변하지 않고 녹색을 유지한다. 단풍나무나 검양옻나무를 이용해 만든 이끼 테라리움에서 단풍을 즐기고 싶다면 어느 정도 추위를 느낄 수 있는 장소에 놓아야 한다. 실외에 두었다가 기온이 내려가서 단풍이 지면 실내로 들여오는 방법도 있다.

설날에 어울리는 이끼 테라리움을 만들 때 소나무와 조릿대를 사용한다면 뿌리에 붙은 흙을 그대로 사용하고, 매실나무를 사용할 때는 뿌리를 자르고 심어도 괜찮다.

보태니컬 아트

보태니컬 아트라는 단어를 들으면 장미 그림으로 유명한 피에르 조제프 르두테(1759~1840)를 떠올리는 사람이 많을 것이다. 벨기에의 화가이자 식물학자였던 르두테는 『장미(Les Roses)』를 비롯한 수많은 식물 삽화를 남겼다. 『아이히슈테트의 정원(Hortus Eystettensis)』의 바실리우스 베슬러(1561~1629)와 『클리포드의 정원(Hortus Cliffortianus)』의 게오르그 에레트(1708~1770)는 식물의 특징과 속성을 정확하고 분명하게 그려내는 보태니컬 아트 양식을 확립했다.

보태니컬 아트란 식물의 세세한 부분까지 주의 깊게 살핀 후 세밀하게 그려내는 것이다. 역사 또한 매우 깊다. 기원전 1세기 고대 그리스의 의사이자 식물학자인 페다니우스 디오스코리데스가 약초들을 정리해 『약물지(De Materia Medica)』를 편집했고, 이후 본초학자인 클라테우어스의 정밀화가 더해져 중세 시대에 다양한 사본이 만들어졌다. 6세기에 만들어진 『빈도보넨시스 필사본(Codex vindobonensis)』을 비롯한 일부가 현재까지 남아 있다. 약물지라는 이름에서 알 수 있듯이 유용한 약초를 판별하고, 병을 치료하는 데 이용하려고 만든 책이다. 그래서 식물의 특징이나 구조를 상세하게 그릴 필요가 있었다. 예를 들어, 꽃의 구조를 그리기 위해 꽃잎, 수술, 암술, 꽃받침 등을 따로 그리기도 하고, 씨앗이나 잎의 특징, 뿌리 끝까지 세세하게 묘사했다.

유럽 국가 가운데 특히 영국은 식물을 사랑하는 문화가 발달했다. 영국 전역의 수많은 박물관 가운데, 1759년 궁정 정원으로 건립된 큐 왕립식물원은 1787년 일반 시민을 대상으로 〈보태니컬 매거진〉을 창간했고 현재까지도 이어져 내려오고 있다.

식물을 연구하기 위해 많은 식물 화가가 탄생했다. 그중 한 명이 바로 제임스 소워비(1757~1822)다. 소워비는 100년에 가까운 시간 동안 식물학과 패류학 서적에 그림을 그린 화가 집안의 시조다. 왕립 미술 아카데미를 졸업하고, 해양 화가인 리처드 라이트의 가르침을 받은 후 당시 인기 있던 꽃 그림에 흥미를 느끼게 되었다. 소워비는 1787년 윌리엄 커티스와 계약을 맺고 큐 왕립식물원의 기관지인 〈보태니컬 매거진〉 네 권에 70점이 넘는 그림을 그렸다. 그 외에도 제임스 에드워드 스미스 경과 함께 『플로리스트 딜라이트(The florist's delight)』, 『영국의 버섯(English Fungi or mushrooms)』, 『열대 식물학(Exotic Botany)』 등 유명한 작품을 남겼다. 아들인 제임스 데 칼 소워비와 조지 브리팅햄 소워비, 그리고 손자인 존 소워비, 증손녀 에이미 밀리센트 소워비 역시 화가가 되었다.

소워비는 과학자이면서도 탁월한 화가였고 유능한 조각가였다.

소워비부리고래의 영어명인 'Sowerby's Bealed Whale'과 아스파라거스과 식물의 속명인 'Sowerbaea' 역시 그의 이름에서 유래되었다.

일본 에도시대, 본초학자 이와사키 간엔은 『본초도보』를 발간했다. 젊은 시절부터 약초를 채취해 온 간엔은 훗날 약을 제조하는 기관을 설치했다. 『본초도보』는 20년에 걸쳐 2,000종의 그림을 집대성한 것이다.

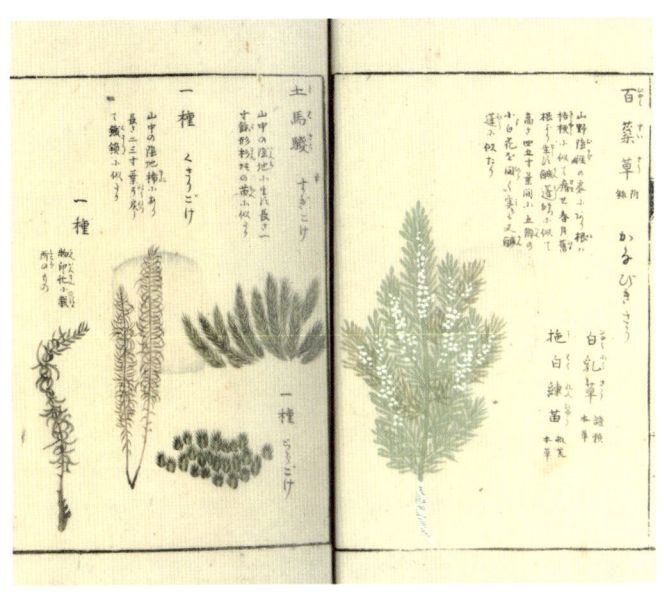
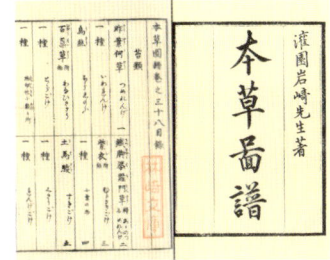

『본초도보(本草図譜)』
이와사키 간엔(본명: 이와사키 쓰네마사)

『본초도보』는 이와사키 간엔이 스무 살 무렵부터 20년에 걸쳐 약 2,000종의 식물을 그린 식물도감이다. 전 96권의 원고본은 1828년 완성되었다. 사본도 여러 본 만들어졌다고 한다. 에도 시대에는 산초부(5~8권), 향초부(9~10권)만이 인쇄되어 간행되었고, 그 후 다이쇼 시대에 전권이 복각 인쇄되었다.

『보통식물도보(普通植物図譜)』
1906년 발행
무라코시 미치오 그림, 다카야나기 에쓰사부로 엮음, 마키노 도미타로 교정 / 박물학연구회 출판

제1권 제11집의 다음 호 예고에는 스하마소(노루귀 일종)와 우산이끼가 실려 있지만, 실제로 제1권 제12집에 스하마소는 기재되어 있지 않고 우산이끼만 실려 있다. 노루귀속의 학명은 Hepatica이고, 우산이끼의 당시 학명은 Hepatiacae였다. 비슷한 학명으로 우산이끼만 기재된 것일지 모른다. 필자는 스하마소와 이끼를 모두 좋아해서 우산이끼뿐만 아니라 스하마소도 보고 싶었다.

⟨제임스 소워비의 『English Botany』에서⟩

Polytrichum gracile
Feb.1.1807
published by Ja.
Sowerby London

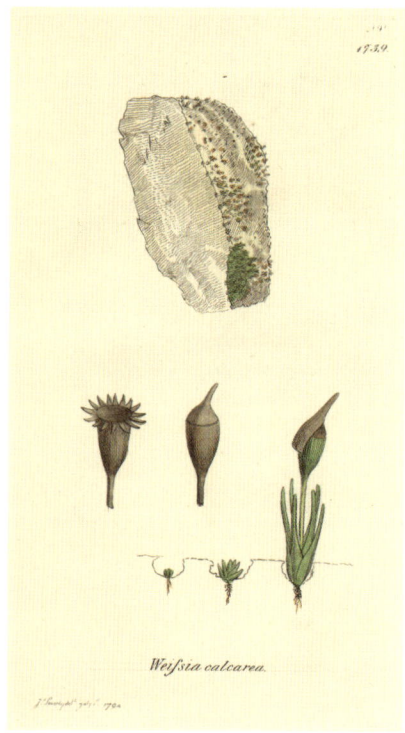

Weiſsia calcarea
Ja. Sowerby del.
July 1 .1794

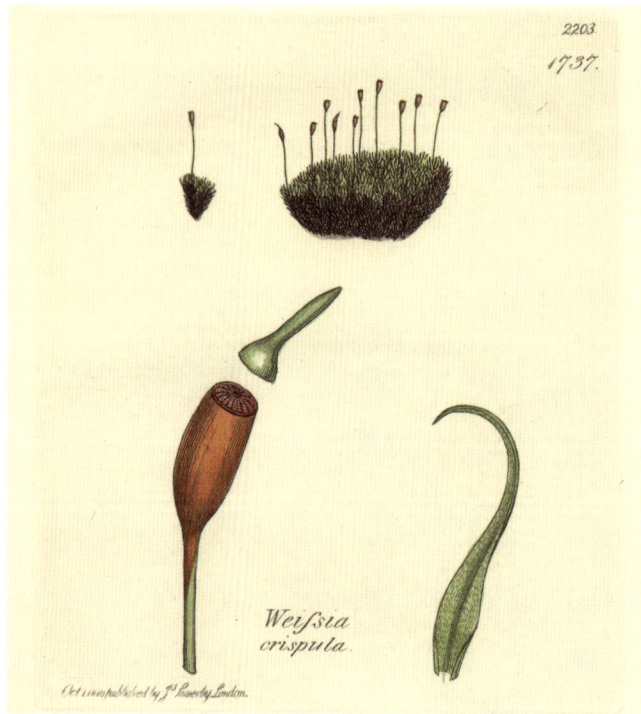

Weiſsia crispula
Oct. 1. 1810 published by
Ja. Sowerby London

Pterogonium filiforme
July 1. 1811 published by
Ja. Sowerby London

Grimmia apocarpa
Feb.1.1803
published by Ja.
Sowerby London

Weiſsia cirrata
Feb.1.1805
published by Ja.
Sowerby London

이끼 도감

책에서 테라리움을 만들 때 사용한 이끼와 야외에서 비교적 쉽게 찾을 수 있는 이끼를 소개했다. 이끼 콜로니뿐만 아니라, 이끼의 구조, 또 습할 때와 건조할 때 찍은 사진을 비교해보면, 습도에 따라 이끼의 모습이 어떻게 달라지는지도 알 수 있다.

건조한 상태

털깃털이끼
학명 : *Hypnum plumaeforme*

양지바르고 완만한 경사면에 매트 형태로 퍼져 자란다. 황록색을 띠지만 겨울철에 단풍이 들면 선명한 황금색으로 변한다. 건조하면 수축하고, 황색빛이 증가한다. 줄기 길이는 10cm 정도이며, 잎이 빽빽하게 자란다. 수돗물에 포함된 염소 성분에 약하고, 또 알칼리성에도 약해서 닿으면 잎이 황토색으로 변하며 말라버린다. 털깃털이끼의 헛뿌리는 지나친 수분을 싫어하기 때문에 물이 고이지 않게 한다. 일본 전역, 그리고 동아시아에서 동남아시아에 분포한다.

깃털이끼
학명 : *Thuidium kanedae*

산지 반음지의 경사면, 바위 위에 매트 형태로 자란다. 햇살에 따라 잎의 색이 황록색에서 진녹색으로 바뀐다. 물에 담근 채 키울 수 있다. 줄기 길이는 15cm 정도로 잎은 가늘고 1mm 간격으로 빈틈없이 자란다. 겨울철에는 황금색으로 단풍이 진다. 잎이 건조하면 바로 수축한다. 이끼 시트로 만들면 형태가 잘 유지되어 이끼볼을 만들 때 가장 적당하다. 일본 전역, 타이완, 한반도에 분포한다.

건조한 상태

늦은서리이끼
학명 : *Racomitrium japonicum*

바람이 잘 통하고 양지바른 바위 위, 모래가 쌓인 초원이나 도로변에서 자란다. 환경에 따라 5cm까지도 자라며 대걸레와 모양이 비슷하다. 건조하면 잎은 누렇게, 잎끝은 하얗게 변하고 뒤틀리며 수축한다. 비에 젖거나, 습기를 머금으면 잎은 선명한 황록색으로 변한다. 매트 형태로 퍼져 번식하지만, 헛뿌리는 잘 엉키지 않아서 1촉씩 분리하기 쉽다. 일본 전역과 북반구에 분포한다.

건조한 상태

꼬리이끼
학명 : *Dicranum japonicum*

반그늘, 때때로 안개가 끼는 습한 지역의 부엽토 위에 군락을 이룬다. 아고산대에서 많이 찾아볼 수 있다. 줄기는 직립했을 때 10cm 정도이고, 겉에 흰색 헛뿌리가 있어서 구별하기 쉽다. 잎은 길고 가늘며 길이는 대략 10mm다. 잎의 색은 선명한 녹색이지만, 고온다습에 약해 뭉그러지면 갈색으로 변한다. 또 차갑고 건조한 바람에도 약하다. 홋카이도에서 규슈, 한반도, 중국에 분포한다.

건조한 상태

구슬이끼
학명 : *Bartramia pomiformis*

개울 주변 건조한 비탈, 습도가 높고 직사광선이 닿지 않는 밝은 언덕에서 자란다. 7mm 정도 되는 가늘고 뾰족한 침형의 잎이 밝은 녹색을 띠며 방사형으로 돋는다. 줄기의 길이는 5cm 전후다. 콜로니로 무리를 지어 자라는 경우가 많으며, 때로는 경사면을 뒤덮는다. 포자는 둥글고, 어릴 때는 녹색이지만 성숙하면 가운데 부분부터 붉은 기를 띤다. 습한 곳을 좋아하지만, 헛뿌리가 물에 닿는 것은 싫어한다. 일본 전역과 북반구에 분포한다.

패랭이우산이끼
학명 : *Conocephalum conicum*

계곡 아래 물에 젖은 바위나 습한 경사면, 물이 스미는 음지 비탈에서 자란다. 환경에 따라 벽면 전체를 뒤덮기도 한다. 엽상체는 광택이 있고 색상은 선명한 에메랄드그린이며 길이가 약 10cm 다. 엽상체 뒷면에는 흰 실 모양을 한 헛뿌리가 길게 자란다. 잎을 꺾거나 문지르면 민트 또는 감귤류의 산뜻한 향기가 난다. 일본 전역, 북반구에 널리 분포한다.

삭

나무이끼
학명 : *Climacium japonicum*

아고산대나 깊은 산속 나뭇잎 사이로 햇살이 비치며 습도가 높은 부엽토에서 자란다. 가는 줄기에서 가지를 뻗으며 2.5mm 크기의 잎이 달린다. 줄기 길이는 10cm 정도다. 근연종인 깃털나무이끼는 나무이끼보다 가지가 더 가늘다. 땅속줄기의 첫 번째 마디는 잔가지를 뻗고 길게 자라고, 두 번째 마디는 지상을 향해 뻗는다. 홋카이도에서 시코쿠 사이의 지역에서 발견되며, 동아시아, 북아메리카에 분포한다.

건조한 상태

건조한 상태

큰꽃송이이끼
학명 : *Rhodobryum giganteum*

낙엽 쌓인 완만한 비탈, 그늘진 곳에서 자라는 상록수 아래 작은 군락을 이룬다. 잎이 젖어 활짝 피지 않으면 찾기 어렵다. 습기를 머금은 잎은 우산을 펼친 모습이 된다. 긴 땅속줄기로 이어진다. 길이는 6~8cm로, 직립경 끝에 1~2cm 정도 되는 진녹색의 비늘 모양 잎이 방사형으로 달린다. 혼슈, 시코쿠, 오키나와에서 자란다. 또 중국, 하와이, 남아프리카, 마다가스카르에서도 발견된다.

너구리꼬리이끼
학명 : *Pyrrhobryum dozyanum*

개울가 바위틈, 밝고 바람이 잘 통하는 숲의 비탈에서 자란다. 주로 10cm 크기의 콜로니를 이루지만, 환경만 잘 맞으면 한쪽 면을 가득 채운다. 솔이끼보다 더 건조에 강하다. 줄기는 약 10cm이고, 불투명한 황록색 침형의 모양을 한 잎은 10mm 정도로 빽빽하게 자란다. 건조해지면 잎이 안쪽으로 구부러지고 가느다란 덩어리로 오그라든다. 혼슈, 시코쿠, 규슈, 오키나와에서 자란다. 한반도, 중국, 인도네시아에서도 볼 수 있다.

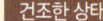

건조한 상태

가는흰털이끼
학명: *Leucobryum juniperoideum*

가는 자갈이 섞인 흙이나 살아 있는 삼나무 줄기 또는 밑동에서 자란다. 높이는 1~3cm, 잎의 길이는 약 4mm이며 모양은 침형이다. 잎이 물에 젖어 수분을 머금으면 선명한 에메랄드그린으로, 건조할 때는 흰색에 가깝게 반투명하고 아주 연한 연두색으로 변한다. 콜로니 크기는 보통 4cm 정도이며, 가끔은 콜로니들이 이어져서 한쪽 면을 다 뒤덮는 경우도 있다. 일본 전역, 아시아, 유럽에 분포한다.

건조한 상태

아기들덩굴초롱이끼
학명: *Plagiomnium acutum*

그늘진 숲길 옆이나 물가, 항상 젖어 있는 바위 표면이나 퇴적물이 쌓인 바위 위에 매트 형태로 자란다. 녹색의 투명한 잎이 지면에 붙어서 자란다. 잎의 모양은 난형으로 끝이 뾰족하고 크기는 3mm 정도다. 높이는 약 2cm이며 옆으로 퍼진다. 아기들덩굴초롱이끼의 암그루에는 녹색의 작은 삭이 자란다. 건조에 아주 약해서 마르면 바로 수축한다. 일본 전역, 아시아에 분포한다.

건조한 상태

사자이끼
학명 : *Brothera leana*

계곡 아래 놓인 바위의 움푹 팬 곳, 햇살이 비치는 큰 나무 밑동, 모래 성분의 토질에서 자란다. 광택이 진한 녹색으로 원형이나 타원형의 콜로니를 이룬다. 넓게 퍼져 지면을 덮기도 한다. 잎의 모양은 침형이며 크기는 약 1cm다. 잎이 단단해서 건조해도 그다지 외형의 변화가 없다. 젖으면 광택이 더욱 증가한다. 홋카이도, 혼슈, 시코쿠, 규슈, 한반도, 중국, 아프리카, 북아메리카에 분포한다.

검정냇이끼
학명 : *Fontinalis antipyretica*

물이 고인 웅덩이, 맑은 물이 흘러드는 실개울의 작은 돌이나 자갈에 매트 형태로 자란다. 잎은 검은빛을 띠는 녹색이고 줄기에는 3~8mm 크기의 잎이 달린다. 줄기 길이는 10cm 정도로 길게 자라기도 한다. 검정냇이끼, 자바모스는 수족관에서 판매하는 윌로모스의 일종이다. 홋카이도, 혼슈, 아시아, 유럽, 북아메리카, 아프리카 북부에 분포한다.

건조한 상태

가는물봉황이끼
학명 : *Fissidens grandifrons*

폭포의 바위 위, 반그늘로 물이 스며 나오는 암반, 개울 옆 언덕에 자생한다. 줄기를 아래로 드리우며 5cm 정도로 자란다. 가지가 나뉘지 않고, 새의 날개처럼 생긴 잎이 좌우로 벌어지며 너비는 약 5mm다. 잎은 건조해지면 검은빛을 띠는 녹색이 된다. 물기를 머금으면 광택이 있는 진녹색으로 변한다. 새의 날개를 닮은 모습이 아름답다. 혼슈에서 규슈까지 폭넓게 분포하며 타이완에서도 볼 수 있다.

쥐꼬리이끼
학명 : *Myuroclada maximowiczii*

바위벽 또는 산길 개천 옆이나 돌담에 매트 형태로 자란다. 음지에서는 땅을 향해 잎을 길게 드리우고, 햇살이 비치는 곳에서는 짤따랗게 성장한다. 통풍이 잘되는 곳을 좋아한다. 개체는 길어서 4cm 정도 된다. 전체적으로 윤기가 흐르며 검은빛을 띠는 녹색이다. 잎의 끝부분은 녹색이며 만져보면 단단하다. 약 1mm의 작고 둥근 잎이 촘촘하게 달리며, 앞으로 갈수록 작아진다. 일본 전역, 아시아, 알래스카에 분포한다.

건조한 상태

낫물가이끼
학명 : *Philonotis falcata*

용수로 벽면이나 물이 흐르는 바위 표면에 자란다. 적갈색을 띤 줄기에 길이가 2mm 정도인 황록색의 가느다란 잎이 들쭉날쭉 자란다. 줄기의 높이는 약 1~5cm다. 2~5cm 크기의 콜로니를 이루며 무리 지어 산다. 물속에서도 자라며, 비교적 낮은 수온을 좋아한다. 물이 없으면 바로 마른다. 일본 전역의 개울이나 물가, 아시아, 아프리카에 분포한다.

가는물우산대이끼
학명 : *Pellia endiviifolia*

늪가, 도랑, 물이 스민 바위 경사면에 달라붙어 자란다. 보통 10cm 전후의 콜로니를 이루지만, 광범위하게 퍼져 자라기도 한다. 잎은 밝은 녹색을 띤다. 잎의 길이는 2~5cm, 폭은 7mm 정도다. 가을에서 겨울에 걸쳐 엽상체 끝에 리본 모양의 무성아를 만든다. 일본 전역, 중국, 인도, 유럽, 북아메리카에 분포한다.

건조한 상태

작은흰털이끼
학명 : *Leucobryum bowringii*

반음지의 비자나무나 삼나무 밑동 주변 마른 흙 위에 콜로니를 이루며 자란다. 밝고 옅은 빛깔로 쉽게 눈에 띈다. 가는흰털이끼보다 두껍고 뻣뻣한 잎이 겹쳐 난다. 잎의 크기는 10mm 정도이며 모양은 침형이다. 높이는 1~2cm. 건조할 때는 옅은 민트 그린이고 촉촉해지면 색이 짙어진다. 일본 전역, 동남아시아에 널리 분포한다.

솔이끼
학명 : *Polytrichum commune*

고원의 밝은 숲이나 숲길 옆에 50cm 정도의 거대한 콜로니를 이루며 자란다. 가지가 나뉘지 않고, 1촉씩 단독으로 성장한다. 잎의 크기는 약 1cm이며 방사형으로 달린다. 환경에 따라 높이가 20cm까지 자라기도 한다. 솔이끼류에서는 보기 드물게 중심부까지 녹색인 것이 많다. 건조하면 막대기처럼 잎끼리 뭉친다. 일본 전역을 비롯한 전 세계에 분포한다.

🌿 마치며

코로나바이러스로 국가 간의 이동이 불가능해지니 일본에 있는 시간이 많아졌다. 상황이 이렇다 보니 실내에서 즐길 수 있는 이끼 테라리움이나 정원에서 가꾸는 텃밭이 인기다. 영국에 사는 친구들은 통행 금지 기간이 길어졌지만, 넓은 정원을 손질할 수 있어서 다행이라고 한다. 일본에는 넓은 정원을 가진 사람이 많지 않기 때문에 꽃과 나무를 가꾸며 시간을 보낼 수 없다는 사실이 아쉬웠다. 매년 유럽에 가서 이끼나 산야초, 노루귀를 조사하고 사진을 찍었는데 갈 수 없게 되니 너무 허전하다.

이 책에 관한 이야기가 나온 것은 2019년 가을이었다. 그때는 지금과 같은 사태가 오리라고는 생각도 못 했다. 연재하는 잡지나 책에 사용하는 사진은 되도록 최근에 찍은 사진을 사용했다. 독자에게 최신 정보를 전하고 싶기 때문이다. 내 마음대로 움직일 수 없는 세상이 되었지만, 책에 대한 이야기가 나온 가을부터 다시 사진을 찍기 시작했다. 여전히 해외에는 갈 수 없었지만, 국내 촬영은 조심스레 주의하며 진행했다. 평소 많은 사람이 오가던 장소에서 사람이 찍히지 않는 사진을 쉽게 촬영할 수 있었던 것은 이런 영향이었으리라.

이렇게 힘든 시기에 이끼 테라리움에 대한 책을 쓸 수 있게 되어서 너무나 감사하게 생각한다. 카메라맨 하치스 아야코 씨에게는 무리한 요청을 많이 했다. 멋진 디자인을 해준 디자이너 기시 유타 씨와 좋은 책을 낼 기회를 준 편집 담당 구로다 마키 씨, 프로필 사진을 찍어준 사카모토 아키코 씨, 어시스턴트 이시하라 유카리 씨에게 고맙다고 말하고 싶다. 언제나 나의 건강을 염려하는 어머니께도 감사의 마음을 전한다.

2021년 5월
오노 요시히로